现代信息技术与会计教学研究

丁皓庆　冀玉玲　安存红◎著

经济日报出版社

图书在版编目（CIP）数据

现代信息技术与会计教学研究 / 丁皓庆, 冀玉玲, 安存红著. -- 北京 : 经济日报出版社, 2019.3

ISBN 978-7-5196-0503-2

Ⅰ. ①现… Ⅱ. ①丁… ②冀… ③安… Ⅲ. ①会计学—教学研究—高等学校 Ⅳ. ①F230-4

中国版本图书馆CIP数据核字(2019)第044847号

现代信息技术与会计教学研究

作　　者	丁皓庆 冀玉玲 安存红
责任编辑	高远
出版发行	经济日报出版社
地　　址	北京市西城区白纸坊东街2号（邮政编码:100054）
电　　话	010-63567691（编辑部）63516959（发行部）
网　　址	www.edpbook.com.cn
E-mail	edpbook@126.com
经　　销	全国新华书店
印　　刷	北京建宏印刷有限公司
开　　本	16
印　　张	7
字　　数	149千字
版　　次	2019 年 3 月第一版
印　　次	2019 年 3 月第一次印刷
书　　号	ISBN 978-7-5196-0503-2
定　　价	40.00元

前言

教育的最终目的是适应和促进社会的发展，教育正是通过培养社会所需要的人才来推动人类社会不断延续和发展，因此，培养社会所需要的人是一切教育活动的中心，教育的最本质要求是使学习者得到尽可能完善的发展。

21世纪是一个信息化的时代，互联网、电子商务、信息管理系统在企业管理和社会生活中得到了广泛的应用，网络无处不在。由于信息能给远程办公和业务监控、信息传播带来便捷，所以在会计中也得到了广泛的应用。

随着企业电算化会计软件的不断完善和ERP系统中财务管理模块的应用，使会计作业完全信息化变成可能，且实现的步伐大大加快。

在我国，ERP系统在跨国大公司及大中型企业中得到了广泛的应用，其中的财务管理模块涉及信息化会计应用的各个方面，如各种会计凭证表单的生成，会计过程的电算化，财务报表的自动生成，工资薪酬的自动核算，会计信息的传递和交流等，这就对会计人才的培养提出了挑战。

会计信息化是将会计信息作为管理信息资源，全面运用现代信息技术，同时对传统的会计模型进行重整，并在重整的现代会计基础上，建立信息技术与会计学科高度融合的、充分开放的现代会计信息系统，为企业经营管理、控制决策、经济运行、管理提供充足、适时的信息。

随着信息化技术在会计领域及企业管理领域应用的深入，系统的会计思维方式及作业方法已在退化，而与信息化相结合的会计作业手法和管理手法正在异军突起，社会对信息化会计人才的需求加大。同时，对会计教学提出了新的要求，以适应信息化发展。

鉴于此，作者撰写了《现代信息技术与会计教学研究》一书。本书以会计信息化的理论基础为切入点，诠释了现代信息技术环境下会计信息化的教学目标，论述了会计专业会计信息化教学体系的构建，探索了信息环境下的高职高专会计教学，对会计信息化实验教学系统的研究，阐述了现代信息技术环境下翻转课堂实训课的教学模式研究及微课堂在会计教学中的应用研究。

本书有三大特点值得一提：

第一，本书结构严谨，逻辑性强，以现代信息技术下的会计教学为主线，对当代会计教学改革进行了探索。

第二，本书理论与实践紧密结合，对一些优秀会计教学模式进行了探索，以便学习者加深对基本理论的理解。

第三，本书的前沿性较强，内容涉及“互联网＋”“大数据”背景下的当代会计教学研究。

笔者在撰写本书的过程中，借鉴了许多前人的研究成果，在此表示衷心的感谢!本书一定还存在着许多的不足之处，恳请前辈、同行及广大读者斧正。

丁皓庆 冀玉玲 安存红

2018年10月

目录

第一章　会计信息化的理论基础研究

经济全球化的不断发展，给企业带来了机遇与挑战，市场竞争日趋激烈。企业要想在市场上立于不败之地，就必须加强财务管理工作，确保企业顺利有序地发展。财务管理在企业运营中占据核心地位，任何管理项目的运行都需要财务管理工作的支撑。随着信息技术的飞速发展，我国正逐步进入信息化社会，处于探索信息化的过程，企业要不断变革财务管理模式。会计信息化在很大程度上可以帮助企业提升自身的核心竞争力，从而让企业的发展更加顺利。此外，它还可以进一步规范会计工作，让会计事务的处理更加科学。

第一节　会计信息化的概念及基础理论

大多数人在看到“会计信息化”这个词时，大概以为是利用计算机来处理会计事务。其实不然，会计信息化过程没有那么简单，它需要使用到各项技术，如信息 / 计算机技术等，这是一项复杂的作业过程。本节论述了会计信息化的概念及会计信息系统的构成。

一、会计信息化的概念及特征

（一）会计信息化的概念

会计信息化就是信息技术和会计信息系统融合的过程，即以计算机及网络通信技术为手段，通过建立技术与会计高度融合的开放的会计信息系统，运用会计信息处理软件对与企事业单位有关的会计信息资源进行深度开发和广泛利用，以促进企事业单位发展业务、提高经济效益，并向利益相关者提供多方位信息服务的过程。会计信息化程度主要反映在所使用的技术手段上，取决于经济业务和技术的发展，经济业务的发展导致新的业务形式和业务信息需求的变化；技术（信息技术和管理技术）的发展带来了会计目标和相应会计思想的变革。随着会计信息技术水平的不断提高，会计信息系统在逐步完善，会计信息化的程度也在不断提高。

（二）会计信息化的特征

会计信息化的特征显著地体现在其所应用的计算机通信技术及会计信息系统上。

（1）会计信息化具有开放性。会计信息系统实时地处理随时被录入的各相关业务数据，并根据要求输出不同的报告，这决定了会计信息化的开放性。

（2）会计信息化具有渐进性。会计信息化程度的提高依赖计算机及通信技术的进步，依赖于会计信息系统的逐步完善。从技术上讲，从 1946 年世界上第一台计算机诞生时只是简单的数值计算，今天我们可以运用计算机技术从事航天、军事等复杂问题的研究，这种进步是快速的，但也是渐进性的。从会计信息系统的角度讲，按系统论的观点，系统是一个有着特定功能的有机整体，这种功能的完善是一个漫长的过程，不可能一蹴而就。从会计信息化经历的会计核算、会计管理、会计业务一体化、全面网络会计等发展阶段可以看出信息技术与会计信息系统的融合是逐步递进的一个过程。

（3）会计信息化具有互动性。会计信息系统具备系统的一般流程：数据录入、整理、分析、储存、报告等环节，同时建立了与人进行多向多位信息交流的方式。一方面，不同的业务人员向单位同一数据库录入数据信息，系统自动转化成会计信息，不同的信息使用人输入自己不同的需求参数可以使系统输出不同要求的信息报告，获得自己所需要的信息；另一方面，信息使用人可以通过对系统的数据处理流程加以调整和改进，来满足特定的信息需求。通过会计信息系统的互动功能，系统和信息使用人同时成为信息的提供者和使用者。

（4）会计信息化具有动态性。会计信息化的动态性体现在会计信息系统自身的发展进程和会计处理对象即会计数据上。首先，从会计信息系统角度讲，随着经济及计算机通信技术的发展，会计信息系统在会计核算、会计管理、会计业务一体化、全面网络会计各阶段间，从低到高逐步进化完善，这是一个相辅相成的动态的过程；其次，从会计数据角度讲，无论是单位内部的数据（例如材料领料单、产量记录）还是单位外部的数据（例如发票、订单），无论什么时间什么地点，一旦发生，都将实时进入会计信息系统中进行分类、计算、更新、汇总、分析等一系列处理操作，以保证会计信息实时地反映单位的财务状况和经营成果。

（5）会计信息化具有集成性。信息集成的目的是信息共享。与企事业单位有关的所有原始数据只要一次输入会计信息系统，就能做到分次或多次利用，在减少了数据录入工作量的同时，实现了数据的一致、准确与共享。全面实现管理／决策型网络会计是会计信息化的最终目标，突出特点是实现会计信息和业务信息的集成化。会计信息化的集成性可以从以下三个方面来说明。

1）同一个时间点上，集成三个层面的信息。首先，在会计部门内部实现会计信息和业务信息的一体化集成，即实现会计账簿各分系统之间的信息集成，协调解决会计信息真实性和相关性的矛盾；其次，在企事业单位内部实现会计信息和业务信息的集成，在两者之间实现无缝连接，真正融合在一起；再次，建立企事业单位与外部利益相关人（客户、供应商、银行、税务、财政、审计等）的信息集成。

2）在时间链上集成与企事业单位相关的历史、目前、未来的所有信息。

3）统一业务的多重反映。例如，固定资产折旧的计算，现行会计制度规定可以在历史成本的基础上选定一种方法，现在可以选择多种方法同时计算，作为决策的参照。

二、会计信息化的相关理论

（一）信息不对称理论

不同的主体在参与市场经济的活动时，可以获得不同的信息资源。由于每个人的知识水平、市场敏感度存在差异，其对所掌握的信息的理解程度和分析能力也有所不同。对于信息相对真实、完整的主体来说，其占据的地位也更有优势。相对的，对于获取相对残缺、失真信息的主体来说，其占据的地位往往趋于劣势。信息不对称理论的观点主要有以下四点：

（1）交易过程中，销售方比购买方掌握更多关于产品或劳务的信息。

（2）为获得额外收益，优质信息拥有者会向劣质信息拥有者提供优质信息。

（3）为追求信息对等，信息拥有的弱势一方会不断追求更多信息。

（4）市场信号的显示能够在某种程度上平衡信息不对称的情况。

每个社会成员身处在现实生活之中，都会处于不同的外部环境，此外，个体的知识保有量和理性的思维能力水平也参差不齐，导致信息不对称现象是会一直存在的，也是当前社会无法消除的。甚至由于当前的社会形态，在今后的很长一段时间内，仍然会有少数人获取其他人根本无法取得的信息。两权分离是目前大型企业的最大特点，公司的所有者与公司的管理层之间都会存在不同程度的信息不对称现象。部分企业所有者并不直接参与企业的日常生产经营管理，而经理人与股东的利益目标不一致，通常情况下股东处于信息拥有的劣势。

这一理论在会计领域的应用也具有同样的意义。企业管理层很可能为了自身的利益，例如达到绩效考核标准或升职加薪等目的，粉饰公司的盈利情况，或是以自己为出发点实施决策，提供公司信息。那么，对于获取公司的完整真实的信息，企业所有者就可能处于劣势。而企业会计信息化的实施及各类财务软件的广泛运用，实现了企业财务信息通过网络平台的快速流通，此时处于被动地位的企业外部使用者就更能够比以往获取全面、准确、及时的企业相关信息。会计信息化的实施、信息技术的诞生与运用，在一定程度上弥补了当前市场中存在的信息不对称情况。前文中提到的，市场信号的显示能够在某种程度上平衡信息不对称的情况，与企业有关的各相关者之间存在的信息不对称现象会逐渐趋于平衡。企业隐藏负面信息的难度与成本将逐渐增大，因此各个公司都应该实施会计信息系统的建设，不仅可以提高会计人员的工作效率，而且能够全面提升企业生产经营管理能力，提高企业管理能力和核心竞争力。

（二）利益相关者理论

20 世纪，利益相关者概念被提出，并以此为基础建立了利益相关者的理论。利益相关者理论认为企业的发展壮大与利益相关者息息相关，企业在制定发展战略的过程中，必须将利益相关者并且是所有利益相关者的利益列入发展战略中，因为企业不可能离开相关者而独立存在。利益相关者整体都为企业的健康发展发挥了不可替代的作用。

随着网络技术的发展，社会各主体之间的交流更加便利，获取信息的渠道更加丰富，途径也越来越方便，信息质量越来越高，企业利益相关者之间的沟通成本越来越低，其实施考察和监督的方式和从前相比也增加了很多，而且多数都更加方便。因此，相关利益者的需求不断增加、要求也不断提高，他们希望公司公布更加透明、全面的信息，对于信息发布的时效性也要求更严格。例如，政府当局对企业内部信息化的规定标准提高，要求完善内部控制制度，以提高公司重要机密数据的安全性。这就要求企业建立严密的会计信息化系统，使用各项功能更加强大的财务处理软件，以此作为企业数据的保障。另外，随着企业的发展和竞争越发激烈，公司管理层和所有者等利益相关者在制定发展战略、分析市场需求、分析对手竞争力等各项决策分析时，对相关财务信息的质量要求越来越高，这也在一定程度上促进了企业的会计信息系统发展与改革。

企业的会计信息化水平越高、会计信息系统越成熟，越能满足其对财务信息高质量的要求。例如企业实施云计算的会计信息系统，能够实现公司内部会计信息的快速流，实现企业内部数据实时可查，利用分析模型进行多维度数据分析，既能减少会计人员的工作量、提高工作效率，又能提高企业会计信息系统的管理控制能力，还能提升公司的核心竞争力。

因此，利益相关者理论要求企业既要满足整个利益相关者群体的利益，又要规划好企业的发展。公司的会计信息系统的建设受到利益相关者们的影响，利益相关者们需要更高质量的信息，这就要求企业实现更高水平的会计信息化，逐步优化会计信息系统，让其在企业的生产经营中发挥优势。这在很大程度上促进了企业会计信息系统的发展。

第二节　我国会计信息化的历史演进

本节回顾了改革开放以来不同时期我国会计信息化的特点，分析了各个阶段理论研究热点，总结了标志性的理论研究成果。同时，明确了我国会计信息化未来的发展方向。

一、我国会计信息化发展历程

（一）会计信息化的萌芽阶段

我国会计信息化的萌芽阶段为1978—1998年，在这一阶段，我国会计电算化从试验探索阶段过渡到有序发展阶段。

我国的大多数学者根据理论研究特点，将这一时期的会计信息化细分为两个阶段：前十年是对会计电算化理论基础的构建，包括会计电算化的内容和会计核算软件单项应用研究；后十年主要是对商品化会计核算软件整体研制、评审与推广及对会计软件市场发展的研究。

1. 会计电算化的试验探索阶段

1978—1988 年，我国会计电算化进入了试验探索阶段，这实际上也是一个无序发展的阶段。

1978 年，财政部拨款 500 万元给长春第一汽车制造厂，进行计算机辅助会计核算工作试点，同时，在全国企事业单位逐步推行在会计工作中应用电子计算机。1981 年 8 月，在财政部、一机部、中国会计学会的支持下，由中国人民大学和长春第一汽车制造厂联合召开了“财务、会计、成本应用电子计算机问题研讨会”，并在这次讨论会上提出了“会计电算化”的概念，这标志着我国会计电算化已经起步。当时财政部会计司杨纪琬出席了这次讨论会，他是我国会计信息化最早的倡导者和推动者。这一阶段，我国还处于改革开放初期，工作重点是恢复、健全会计核算制度，对计算机应用还处于起步阶段，计算机信息处理技术还比较落后，设备和人才都很缺乏，对于会计信息化的理论研究也相对较少，整个 20 世纪 80 年代十年期间相关研究文章只有 98 篇，会计信息化发展相对缓慢。这一时期的学者主要以专著的形式来研究会计信息化，代表作品主要有中国人民大学王景新教授撰写的我国第一部会计电算化专著《会计信息系统的分析与设计》及《电子计算机在会计中的应用》，还有由台湾林蕙珍教授撰写的探讨会计电算化内部控制与计算机审计的《电脑化会计资讯系统之控制与审计》。1987 年 11 月中国会计学会成立了会计电算化研究组，会计电算化的理论研究开始得到重视。

2. 会计电算化的有序发展阶段

1989—1998 年，我国会计电算化进入了有序发展阶段。

随着会计电算化的深入开展，要求加强组织、规划、管理的呼声越来越高，各地区、各部门也逐步开始了对会计电算化工作的组织和管理。财政部从 1989 年开始对会计电算化进行宏观管理，制定并颁布了一系列的管理制度，如《会计电算化管理办法》《会计电算化工作规范》等，基本上形成了会计软件市场并逐步走向成熟。90 年代中后期推出“两则”“两制”与全国范围内的会计大培训及会计电算化初级上岗证的施行，使我国的会计电算化事业取得了突飞猛进的发展。

会计信息化理论研究在这一时期也得到长足的发展。袁树民（1989 年）较早地阐明了电算化会计系统的设计要经过系统分析、系统设计、系统实施及系统运行与维护四个阶段的生命周期法，并指出作为一个完整的会计信息系统应该包括会计核算系统、会计管理系统和决策支持系统三个子系统。郭文东（1992 年）对计算机会计信息系统的人机接口设计进行了研究。葛世伦（1993 年）从信息系统硬件的可靠性、软件的安全性和组织管理的完备性分析了会计信息系统设计的安全性因素。王景新（1992 年）研究了会计电算化下的内部控制内容与设计，提出了管理制度、职能分离、授权控制、时序控制、防错纠错措施、修改限制、文件属性控制、安全控制、防毒措施、管理控制、访问控制等十多项控制内容。此时广大学者已经开始对会计信息系统网络环境下的设计、应用及内部控制进行研究，分析了我国会计软件由核算型向管理型改造的理论基础（许永斌，1996 年），确定了网络会计信息系统将成为今后的研究重点。

（二）会计信息化的产生及初步应用阶段

1999—2002 年，我国会计信息化产生并得到了初步应用。

随着市场经济的高度发展及现代金融、证券、保险、期货等金融衍生工具的产生，企业已不再是单纯的生产经营单位，投融资和资本运作及集团企业下的内部财务资金管理居于越来越重要的地位，并提出了企业集团财务管理的协同管理模式，“会计信息化”这一概念也孕育而生。

1999 年 4 月 2 日至 4 日，深圳市财政局与金蝶公司在深圳联合举办了“会计信息化理论专家座谈会”，提出建立开放的会计信息系统，进而引出了会计信息化概念及其含义，标志着我国会计信息化的产生。此时，一方面人们将目光转移到“会计信息化”这一概念上来；另一方面，随着电子商务、ERP、SCM、CRM 等信息系统的发展，网络技术在会计领域深入运用，网络会计极大地推动了会计的信息化和网络化。杨平波（2000 年）探讨了网络环境下会计信息系统的物理安全、会计信息安全、网络系统安全、人员管理安全等问题；马万民（2002 年）研究了会计信息系统硬件、软件和网络安全两方面的关系。此时，学者们也开始重视对于会计信息化实施的研究，给出了企业实施会计信息化的五个重要条件，即企业需要、部门协调、管理基础、专业人员和经费保证。

（三）会计信息化的推进与发展阶段

2002 年至今，我国会计信息化处于持续发展状态。

随着会计信息化软件在企业中的广泛应用，我国会计理论界也开始对会计信息化的理论进行更深入研究。至 2002 年起，中国会计学会每年都定期召开会计信息化年会，至今已召开八届，涉及的会计信息化相关理论主题超过 24 个，对会计信息化理论进行了深入的研究与探讨。在这 8 年中，中国会计学会会计信息化专业委员会主任杨周南为会计信息化年会的召开和会计信息化发展起到了极大的推动作用，在第二届会计信息化年会上，杨周南在“会计信息化若干问题的研究”主题发言中，阐述了会计电算化向会计信息化转变中的若干理论问题，给出了会计信息化的概念和会计信息化的内涵：ISCA 模型，该模型阐述了会计信息系统与 IT 控制、利用 IT 审计间的内在联系；在第六届会计信息化年会上，杨周南首次提出将工程学的理论和方法引入内部控制体系，建立内部控制工程学，对内部控制的物理模型构建展开了研究，该论文为信息化环境下内部控制研究提供了新的思路，开辟了新的领域，引起了相关学术界的兴趣和密切关注。在第七届信息化年会组织的XBRL辩论会上，杨周南作为“反方”代表，谨慎地认为将XBRL语言视为财务报告发展的“全部未来”或“不一的选择”等观点有失偏颇，并指出应研究是否存在适用性更强的某些技术或模式能够替代XBRL语言。庄明来教授在《我国上市公司宣告采用XBRL的市场反应研究》一文中也表明，XBRL的应用对于我国的上市公司股价反应并不显著，并给出了原因及建议。

我国政府也积极颁布政策制度，以推进我国会计信息化及其相关软件产业的发展。2002年以来，财政部门允许地方对各单位甩账实行备案制，不再组织应用验收。2002年10月，国家经贸委企业改革司委托用友公司组织编写了《企业信息化基本知识系列讲座》，成为我国企业开展信息化工作的权威普及读本。同时，国家标准化管理委员会发布了《信息技术、会计核算软件数据接口规范》，从而建立了会计信息化的标准体系结构。

二、我国会计信息化的发展现状

虽然我国会计信息化起步较晚，但由于经济的快速发展和企业管理需求的不断增加，我国的会计信息化也伴随着ERP的发展而迅速发展。

我国的ERP产品主要有两种：一种是厂商在国外ERP软件基础上结合国内企业实际情况直接开发的ERP产品；另一种是财务软件厂商在面临市场发展势头下降以寻找新增长点而转型开发的ERP产品，强调账务管理的功能。

与先进的信息管理理念和信息技术相比，我国的会计信息化存在诸多不足：

（1）管理会计实际运用率不高。

（2）系统数据的集成性不高。有关调查资料表明，90%以上的大中型企业都实施了会计信息化，部门级财务软件虽然提高了财务人员的工作效率，但实际上形成了信息孤岛，并未给企业整体效益带来明显提高。

（3）成本管理体系缺陷突出。偏重实际成本核算，内部量本利分析不足，以凭证驱动业务流程，而不是以流程来产生凭证。

（4）以REAL模式为代表的新会计模式的应用还需加强。

但在国内企业管理环境中，我国的会计软件也存在着一定的优势：

（1）初始设置更加简明，输入界面更符合中国财会人员的习惯。

（2）提供了完全满足我国政府及各级财务部门需要的财务报表。

（3）功能稳定，基本满足了各行业会计工作的要求。

三、会计信息化的发展趋势

会计信息化随着其自身的发展已经成为一种重要理论来指导会计工作，会计信息化从单一的理论朝着综合化的方向发展。在会计实践工作中，会计工作涉及许多方面的信息，会计信息较复杂。现在，分类的会计信息化走向综合化的发展趋势日益明显。

会计信息化向细化方向发展。当今知识经济高速发展，对会计信息化也有了更高的要求，在这种趋势下，要不断地寻求能够适应经济快速发展的会计信息化发展分支学。进一步深化细化会计信息化的内容，这满足了会计信息化发展的新要求。

会计信息化向边缘化发展。会计信息化的发展为信息化融合发展提供了可能性，尤其是进入新世纪，随着技术、科技、经济的高速发展和衔接，会计信息化的融合趋势日渐明显，同时要求会计信息化要在更高的层面发展，使会计信息化融合发展应运而生。

总之，会计信息化是会计发展和企业生存发展的必然要求。但同时要注意，企业会计信息化建设是一个十分漫长的过程，是一个渐进发展的过程，不可能一下就完成，现在我国的会计信息化水平与信息经济的发展要求还有很大的差距，企业的会计信息化可以说是革命尚未成功，仍需努力，任重道远。

第三节　我国企业会计信息化面临的问题及优化路径

在市场瞬息万变的情况下，企业会计信息化的应用可以提供及时、准确和完整的财务信息，从而提高企业管理效率和经济效益，不断提升企业在市场中的核心竞争力。我国企业会计信息化已开展二十多年，取得了很大的成绩，培养了一批同时精通会计学和计算机技术的人才，为我国信息化的发展奠定了良好的基础。然而，由于种种原因，我国企业会计信息化发展的总体效果不十分理想。

一、我国企业会计信息化发展中存在的问题

（一）企业会计信息化工作的理念不足

一些企业把会计信息化的实施视为纯粹的技术问题，事实上，会计信息化绝不仅仅是一个单纯的技术问题，它涉及重组企业的业务流程，重新划分部门职责和权利，管理制度制定、贯彻和落实，企业会计信息化是一场管理变革，不是安装了信息化系统就完事了。因此，必须体现出会计信息化的管理思想和意义。这需要企业彻底地转变思想和管理习惯，以适应软件的数据实时情况的管理。在这方面部分企业还停留在软件实施的层面上，过分重视自动化操作，或是依赖于软件的功能，很少在实施前对企业实际进行透彻的管理分析，

自主地提出流程优化的方案。

（二）会计信息化从业人员综合素质偏低

目前，我国企业中有大量的会计人员，他们对会计业务很精通，但是精通计算机知识的人员却不多，一部分是“半路出家”的信息化会计人员，对计算机知识了解极其有限，无法将计算机知识和会计知识有机结合起来，造成了会计信息化人员知识的不全面、不均衡、不系统。此外，一些计算机专业人员缺乏会计知识，无法及时解决和处理会计软件运行过程中出现的问题。因此，长期以来，会计信息化复合人才的缺乏一直是制约我国会计信息化发展的关键问题。虽然有不少部门组织各种培训，但由于培训时间、培训内容、单位事务及个人精力等因素的制约，会计信息化方面的人才总体素质仍然不高。

在信息时代，会计信息化的应用对会计人员提出了更高的要求。会计人员既要掌握会计专业知识，还要掌握相关的信息技术、网络技术、计算机科学等知识，了解财务软件的使用、保养和维护。会计信息化从业人员综合素质偏低的突出表现是对财务软件的应用方法和技巧掌握得不够透彻和熟练，对软件的认识有局限性，对软件运行过程中出现的故障不能及时排除，导致系统不能正常运行。这个问题已成为企业快速实现、发展会计信息化的障碍。

（三）企业整体管理水平及内控制度的严密性缺乏

如果说没有 ERP，企业就不可能进步、不可能发展，那只能说明 ERP 中包含一种使企业行为更加合理、更加有效的操作理念。但是 ERP 仅仅是一种管理手段，如果企业的内控制度不健全、整体管理水平低下，即便有再科学、再完备的信息管理系统也无济于事。会计信息化的真正价值在于其所依据的管理理念，而不是其所使用的计算机软件。其发挥作用的前提是它必须处在一个科学化、现代化的管理体制之中。

目前，我国正在加快国有大中型企业建立现代企业制度的改革，正在大范围地进行企业重组和股份制改造工作。企业重组改制后，必须建立真正意义上完善的内控制度和顺应市场的竞争机制，才有可能利用现代化的会计信息系统，把各项管理工作通过资金管理量化后，实现资源的集成管理，实行成本控制和资源的有效配置。

（四）网络下会计信息系统存在的安全性隐患

网络是一个开放的环境。在这个环境中一切信息在理论上都是可以被访问到的，除非它们在物理上断开链接，否则很难避免非法侵扰。因此，网络下的会计信息系统很有可能遭受非法访问甚至黑客或病毒的侵扰。这种攻击可能来自系统外部，也可能来自系统内部，而且一旦发生将造成巨大的损失。对于系统安全性的担忧也成为影响企业选择会计信息系统的因素。

（五）财务成为信息化的新“孤岛”

多数企业有重视财务核算，而忽视了业务核算。从信息化的层面上来说，业务管理在前，是基础，财务管理是在业务管理之上的应用，反过来对业务起到监控和实时核算的作用，所以全面的信息化的实施结果会使企业的财务管理更为精细化。大多数企业都是走了先会计电算化，后业务信息化的道路。所以观念陈旧导致了业务与信息化的业务环节脱节，数据不能共享，财务成为信息化的新“孤岛”现象。

二、我国企业会计信息化路径选择及优化路径

（一）提升企业会计信息化地位

充分意识到会计信息化重要性，借助计算机软件技术对企业内部或企业人力、物力、货币资金等信息数据进行整理和管理。通过利用计算机会计操作软件对所需企业会计信息全面分析，真实、及时、准确地反映出企业整体经营管理情况，为企业管理者提供有效的决策数据信息依据。

重视会计信息化在企业中的重要性，提升会计信息化在企业中的地位，合理分配企业货币资金在各生产管理环节中的应用，确保企业资金和运营连续性，有效协调各环节之间可能存在的矛盾和不足。

（二）加大监督管理力度，规范市场环境

随着企业会计信息化应用普及，会计信息化管理制度也得到了改进和完善，经济体系建设逐渐实现合理化、规范化，这使得我国企业整体会计管理有了全面的提升。

经济体制建设和市场经济格局的打开，让我国企业在选择会计信息化路径时，应当加大监督管理力度，使得会计信息化发展有法可依、有章可循，合理化、合法化全面发展。

除此之外，我国企业会计信息化路径选择还应当考虑市场环境发展和需求，满足市场发展的不同阶段需求，规范市场环境，为企业经营发展营造良好的营运市场环境，实现企业长期发展。

（三）科学选择会计信息化系统软件

随着科学信息技术的不断发展与完善，企业会计信息化系统软件逐渐表现出其特有的科学性和先进性。

当前我国会计信息化系统软件开发与信息管理、财务会计、软件编程等学科相结合，针对不同企业行业性质编制并研发不同的会计信息系统软件，很大程度上满足了不同行业企业需求，满足会计信息处理需要。

企业应当根据自身实际情况，合理地、科学地选择具有针对性的会计豪华版化系统软件，优化会计信息化路径选择，充分发挥出会计信息化系统软件功能和重要作用，对企业

会计信息数据进行整理分析，进而实现企业经济收益最大化。

（四）提升会计信息化人才的综合能力

人才是信息时代的重要根本，加强会计信息化人才综合能力培养，提高会计工作人员整体能力与专业水平，是实现会计信息化发展的基础。

企业应当根据自身实际经营情况，选择相应会计信息化培训机构，定期组织会计工作人员进行会计信息化系统软件操作学习，随着社会和软件的不断升级和发展，做到与时俱进，不断地完善自己，使自己成为全面的会计信息化操作人才。不论是会计信息化操作，还是会计数据处理，都能根据情况做到确认判断，提供准确、有效的会计信息数据，降低企业经营风险，维护企业经营管理。

第四节　会计信息化实施条件及策略

随着市场经济体制的逐步确立和社会经济和网络通信技术的双重推动，会计电算化正逐步向更高级的阶段——会计信息化方向发展，并成为会计工作发展的必然趋势。本节着重对会计信息化的特征与实施条件及策略进行了分析和探讨。

一、会计信息化实施前提与条件

（一）会计信息化的实施需受到经济及信息技术的约束

会计信息化的发展程度受所处时代经济及信息技术水平的影响和制约，并反映着一个时代经济及信息技术的发达程度。在社会的不同历史阶段，经济及信息技术的发展水平不同，对会计的影响也不相同。在我国计划经济体制下，随着计算机技术的发展，从传统会计逐步发展到会计电算化；随着市场经济体制的逐步建立，出现了会计管理软件；随着计算机网络通信技术的发展和电子商务等新经济业务形式的出现，高度会计信息化阶段正逐步走来。

（二）会计信息化的实施需要建立现代会计信息系统

会计信息系统的完善标志着信息化的发展程度，而采用何种会计软件则是信息系统完善与否的直接体现。会计信息化的成效如何，视其所用的会计软件在多大程度上提供有价值的会计信息。目前运用现代计算机及网络通信技术，围绕信息增值而设计的会计软件少之又少，所提供的能支持管理／决策的会计信息非常有限。

（三）会计信息化的实施离不开政府的引导、规划、协调和管理

随着政治体制的改革，我国政府的主要职能已逐步转变。在信息技术逐渐发达的今天，政府必须从国民经济和社会发展的全局出发为全社会、全体企事业单位营造一个良好的社会法律、信息、教育环境，对企业信息化建设工作进行宏观规划、协调和管理。

其实政府在这方面已经做了许多工作：2003 年国家信息产业部颁布《企业信息化技术规范》，2005 年国家标准委发布《信息技术会计核算软件数据接口》，同年相关部门召开“中国城市经济发展与城市信息化建设研讨会”，提出了信息化建设的许多创新理念。目前，在相当一部分政府机关（工商、银行、税务机关等）、国有大中型企业、事业组织已经实现了会计信息化的建设。另外，财政部从 1994 年开始对会计人员展开了全面的会计信息化培训工作，并且统一了培训大纲、教材和教学软件。但现在的信息化建设仍然处于试点、探索阶段，距离信息化的全面、规模化建设要求还相差甚远。当只有一人使用电话作为通信工具时，电话是装饰品；当社会上很多人以电话作为通信工具时，才能发挥电话的作用，这就是规模效益。会计信息化建设存在同样的道理。当前信息化经济是一个集供应商、生产商、营销商、客户为一体的产业链，同时和工商、银行、税务等政府机构紧密相连，客观上要求与产业链相关的各方面都实现信息化，都能在网络环境下自由完成各自的业务活动，实现各自的职能。所以只有在社会上全面、规模地实现信息化，并且政府真正起到规划、协调、管理的作用，才能真正达到会计信息化的要求。

（四）会计信息化的实施要求财务人员更新知识结构

在会计实现信息化前，会计人员只要具有扎实的专业知识，按时保质保量地完成相关业务的会计记录和报表输出即可。而在高度的会计信息化阶段，会计人员不仅要及时地运用扎实的专业知识对进入会计信息系统的业务数据进行会计判断和选择，要利用娴熟的计算机知识（相关计算机程序和系统数据库知识）编制满足不同信息使用者的特定会计报告，更为重要的是，会计人员还要利用丰富的经济学、管理学知识解析和拓展会计信息系统输出的会计信息，为决策者提供最佳的业务预测和决策建议。所以只有财务人员的知识结构及时更新，业务素质得到提高，才能保障会计信息化的顺利实施，充分发挥会计信息化的优势。

（五）会计信息化的实施需要现代会计信息系统制定内部控制制度

任何一个系统的有效运行，都需要相关控制制度的建立和完善。会计信息系统亦不例外。尽管传统会计内部控制制度在电算化阶段得到了及时的更新和完善，但网络环境比单机甚至局域网要复杂得多。会计信息系统使得相关的不同部门的不同人员在不同地点的不同微机终端上完成相关业务数据的录入并通过网络 / internet 进行传输，原始凭证的表现形式电子化，业务数据的会计转化由计算机自动完成并保存。可以看出，会计信息化系统的内部控制由对人的内部控制转变为对人、机控制并重。对人的控制，我们有以前的经验可以借鉴，而网络环境下的对机控制则不同，对我们完全是一个陌生的问题，例如，交易的授权、完整性及正确性不如传统环境下那么明显，网络数据容易被截取与修改等等，因而，制定严密完善的内控制度保证会计信息系统对业务活动准确、完整、及时的安全反映是会计信息化成败的关键。

（六）会计信息化的实施须推行无纸化凭证

从会计信息化的发展历程可以看出，随着信息化程度的不断提高，会计信息的数据来源将逐步无纸化——数据电子化，这是会计信息化提高的结果，也是会计信息化的必然要求。虽然这些原始电子数据必须通过人脑的会计确认才能进入会计信息系统，但在原始数据全部电子化以后，电子签名将代替手工纸制签名，原始凭证的表现形式将发生革命性的变化。另外，随着市场经济竞争的加剧，会计信息使用者对会计报表报送周期的时间要求将大大缩短甚至具有不确定性，进一步加重了会计人员对相关业务数据进入会计信息系统进行判断和选择的时间要求。

总之，随着全球经济的进一步融合和计算机及网络通信技术的进一步提高，构建高度开放的、具有智能化、实时处理能力的会计信息系统已是会计发展的必然趋势。

二、会计信息化实施策略

会计信息化对现代企业的财务工作具有十分重要的意义，能在整体上获得更高的经济效益。针对会计信息化工作中存在的问题，需要为其提出针对性的整改意见，以保证会计信息化工作在不同程度上得到完善，不仅可以促进企业的稳定发展，同时也满足了现代社会发展的需要。

（1）提升会计信息化人员的综合素质。企业在实际发展过程中，要提高计算机能力、财务软件的操作能力及专业技能等，并在总体上对其进行培训。

当对企业的财务人员计算机能力进行培训的时候，需要根据会计信息化程度，使用计算机对业务进行处理，根据一定的建设要求，为其提供计算机应用培训。还要引导会计人员学习财务软件的操作技能，完成财务记账和基础工作，保证工作效率的提升，以免资源浪费现象的产生。同时，在整个工作实际发展下，还需要根据企业员工的实际情况，对软件的操作技能进行培训，引导他们掌握软件的相关知识，这样既能提高工作效率，也能为管理人员提供更为准确的财务数据。

在对人员的财务专业技能进行培训的时候，需要基于多样化发展程序，为其提供教育渠道，并在期间掌握各个专业知识，以保证在整体上能提高自身的问题处理能力。

（2）充分认识会计信息化建设。企业的会计人员需要在内部对一些成功的信息化案例进行引导和分析，保证一些人员对企业会计信息化建设可行性有充分认识。在该执行下，不仅要引导管理人员详细掌握会计信息化，也能在建设会计信息化的同时，为其提供有效决策。并且，企业的会计人员还要根据企业的实际情况，为其提出有效并且可行的报告，保证在整体上能对其操作。

基于对企业会计信息化发展前后的对比分析，发现企业的财务工作在会计信息化发展下，对企业经营和发展具备十分重要的影响，能更为合理地明确信息化建设工作中的各个成本因素，也能获得更高的投资回报。

（3）建立会计信息化软件标准。在会计信息化建设和发展过程中，未在期间构建统一的执行标准，导致会计信息化发展很难实现。尤其是针对一些大型企业和集团，更需要将会计信息化标准作为重点。如《企业会计准则》《企业会计制度》，将其作为法律法规或者相关指导，都要根据企业的实际情况，为其制定出统一和完善的会计业务处理标准，打造完善的会计处理平台。

在该发展标准下，不仅能发挥企业中各个财务功能，也能将其与企业业务进行结合，以实现整体的进步和发展。

（4）建设会计信息化监管机制。企业在建设会计信息化工作过程中，需要根据我国的相关法律法规来实现，保证工作在整体上能更规范。

工作实际执行期间，要根据企业的实际发展特点和实际情况，为其制定出有针对性并且完善的会计信息管理工作制度，这样在整体上不仅能营造完善的制度环境，也能促进企业的信息化发展。

综上所述，基于以上的分析和研究可以发现，在企业财务信息管理工作中，实现会计信息化发展，能满足当前的建设需求，也是当前发展过程中的主要措施。所以，会计信息化发展需要政府、企业和社会之间的重视与合作，以实现会计信息化的健康发展。

第五节　会计信息化对会计理论与实务的影响分析

会计信息化使会计核算工作更多地利用现代信息技术高速发展的成果，推动了会计理论与会计实务的进一步发展完善，促进了会计管理制度的改革，会计信息化对会计理论和实务必将产生深远影响。本节就会计信息化对会计理论及实务的影响进行了分析，并在此基础上提出了相应对策。

一、会计信息化对会计基本理论体系的影响

会计理论是由具有一定客观逻辑关系的会计理论要素组合而成的一个系统化有机整

体，我国的传统会计理论体系是以会计目标为理论起点，以会计基本假设为前提和会计应用理论为内容的有机整体。会计应用理论是以基础理论为指导，运用于财务会计实践所形成的一系列方法性的理论，主要是制定和实施符合会计实务规范，是引导和制约会计工作的标准、评价会计工作的依据。传统会计应用理论主要有基本会计准则、会计信息质量和会计计量等层次。

（一）会计信息化对会计目标的影响

会计目标是指在一定的社会条件下，会计工作所要达到的要求和标准，会计目标是决定会计实务发展的方向性因素，是会计的最终目标。目标是把会计职能具体化，随外部环境变化，会计的目标将变化，会计的具体职能也将发展。

在会计信息化时代，会计的基本目标仍然是提高经济效益，具体目标是向信息使用者提供对决策有用的会计信息。

财务会计报告的目标是向财务会计报告投资者、债权人、政府及其有关部门和社会公众等提供与企业财务状况、经营成果和现金流量等有关的会计信息，反映企业管理层受托责任履行情况，有助于财务会计报告使用者做出经济决策。但由于会计信息化的本质是会计与信息技术相融合的一个发展过程，因此会计信息化的目标是通过将会计学科与现代信息技术有机地融合在一起，以建立满足现代企业管理要求的会计信息系统。

在网络经济高速发展的今天，会计信息更容易满足公众对企业的经济信息需要，它为企业外部各方面了解其财务状况和经营成果提供信息，在信息技术例如数据库技术、人工智能技术、网络通信技术的支撑下会计信息处理将实现自动化、网络化、系统化，甚至可以利用自身的信息通过人工智能技术使预测与决策变得更容易、更准确。然而这种发展并未改变原有目标，相反它促进了传统会计目标的实现。只有这样会计信息化才能与市场经济体制相适应，从而得到更好的发展，如果偏离其所服务的目标，那么无论多么先进的技术都无异于南辕北辙，失去其前进的方向。

（二）会计信息化对会计基本假设的影响

1. 对会计主体假设的影响

会计主体又称为会计实体，指会计为之服务的特定单位。在传统的工业经济时代，会计主体的范围很明晰，一般表现为独立核算企业，企业会计只核算企业范围内的经济活动，并向有关方面提供会计信息。但是在会计信息化条件下，网络技术的发展和普及不仅为会计信息的传播提供条件，而且使企业的组织形态、经营方式等方面呈现外在的不确定虚拟化状态。网络交易的发展导致会计主体界限越来越模糊，但不论是高科技企业，还是所谓的“虚拟公司”，都离不开会计主体假设。

会计信息化极大地拓展了会计主体的外延，各种“网络公司”处于媒体空间中。然而依据实质重于形式的原则，无论会计主体的外部表现形式和存在介质如何变化，今后会计服务的对象仍同为某一特定主体，并以其客观存在或发生的经营行为或事项作为处理会计信息的唯一依据。无论会计电算化还是网络化只是改变了会计信息的储存介质与传输方式，因此，不可能动摇会计基本理论的根基——会计主体假设。这一实质无论是在会计主体假设的形成初期，还是在网络公司兴起的今天，都未发生改变。所以在会计信息化条件下更需要全体会计人员从本质上审视会计主体，充分地挖掘假设的内涵，从思想上树立起会计主体意识。

2. 对货币计量假设的影响

货币计量假设是指会计主要运用货币对企业活动进行计量，并把结果加以传递的一个过程，在使用货币计量时，必须同时附带两个假设：第一，货币的币值不变（或稳定）；第二，币种的唯一性假设。在传统会计中，货币计量是会计系统产出所依据的尺度约定。随着企业经济活动的对象和范围不断向非资金领域扩展，尤其是知识资本和人力资本等新资源的产生，使许多人开始对货币计量假设提出质疑，但无论何种资源的价值都必须以其能为企业带来的预期收益为衡量标准，而衡量资产价值主要依靠准确的货币计量。

由于会计信息系统发展，网络突破了时间和空间的限制，使用电子货币和电子数据进行交易和记录，丰富了货币计量的形式，例如，“网上银行”、电子货币的出现可能引发货币革命与支付革命，但无论什么货币都要有计量单位，以公允地反映财务状况，反映整个企业的价值。

3. 对持续经营假设的影响

持续经营假设的基本含义：除非有反面例证，否则就能够认为企业的经营活动将无限地经营下去，即可以预见的将来，企业不会面临破产清算。在传统工业经济时代，企业的大部分资产差不多都具有实物形态，而构成这些实物形态的主体通常是具有一定价值的自然资源，其中的技术因素和人工成本所占比例很小，这些有价值的资源不仅使企业有形资产在企业经营中的任何时候都具有较强的客观能力，而且可以合理预见其物理寿命。这在客观上降低了经济生活中的不确定性和风险。所以在这个意义上，尽管工业社会中企业经营仍存在经营失败的危险，但这种风险似乎并不影响人们长期持有持续经营的观念，且也不影响以此为基础构建的会计系统所具有的理性。而信息化时代使各媒介主体的存在、发展、消失变得“扑朔迷离”，难以判断。因为“网上公司”的外部虚拟化常常掩盖了其发生真正交易或事项的行为，经营活动常呈现“短暂性”，它们适时地介入、联合、退出与转换，其网上交易的游离性和随机性难以控制。在这种经营方式下，就要求我们从市场空间的角度来确定企业的经营之间是否存在联系。必须以会计主体为基础，用发展的、联系的思想解释这种经营现象。另外从现行法律意义上理解将这类企业确定为持续经营主体，更有利于企业自身的权利实施和承担应有的义务。另一方面许多“虚拟公司”在发展中也将不断向实体企业转变，持续经营假设也不会因信息传输方式改变而有所改变，即使是所谓的网络公司也是如此。我们可以考虑这样一个问题，如果百度、新浪等公司在可以预见的将来就要解散清算，美国证券交易委员会怎么会同意他们在美国资本市场上融资并挂牌交易。

4. 对会计分期假设的影响

会计分期是将企业不断的经营活动分割为若干个较短时期，据以结算账目和编制会计报表，提供有关财务状况、经营成果的会计信息。会计分期假设本身是对持续经营假设的一种补充。会计信息化条件下使企业与外部实体之间的空间距离大大缩小，网络技术为我们随时了解企业的财务状况、经营业绩提供了可能。因此会计期间在网络环境下由于网络在线、实时反馈的功能可以进一步细分，比如一个月、一周，但不能趋向于无穷小，因为许多经济业务具有连续性和周期性，分割太细就无法反映某些业务的全貌，况且，评价一个企业的经营业绩乃至发展前景瞬时数据是没有任何意义的，另一方面执行统一的会计期间核算为国家、企业之间、社会公众提供了客观可比的标准，有利于国家加强宏观管理、进行经济决策，其他利害关系人可以在相对稳定的期间了解企业的经营和效益，所以必须坚持会计分期。

（三）会计信息化对会计信息计量的影响

传统的工业经济时代要求企业在对会计要素进行计量时，一般应当采用历史成本进行计算，确定其金额。然而在会计信息化下的会计核算要求下，计量方法已发展成为以历史成本为主，以公允价值、市场价值、重置价值等其他计量方法为补充的相互结合的多元计量模式，使会计信息既反映历史成本，又反映现时价值。

在不同的会计领域使用不同的价值计量形式。确立以历史成本为基础的会计报表系统和以公允价值等其他计量为依据的财务成本管理系统，使各种计量方法适应信息使用者的需要并发挥更好的作用。

（四）会计信息化对会计信息质量的影响

会计信息的质量特征主要包括可靠性、相关性、可理解性、可比性和及时性，直接关系到决策者的决策及其后果，从而要求会计信息必须真实有用，能够满足决策者的需要。而对会计信息质量起到修订作用的操作限制主要包括实质重于形式、重要性和谨慎性。这些质量要求与财务报告相协调，体现了会计核算的共同要求，是会计核算一般规律的概括和总结。在会计信息化条件下，会计信息系统处于企业管理的控制层，这会更有利于体现会计核算的质量要求，其不仅使会计信息的质量有所提高，而且在体现会计要素确认与计量方面有一定的突破。如及时性、可理解性所要求达到的标准在信息化条件下很容易做到。

二、会计信息化对会计实务的影响

（一）会计信息化对会计分析方法的影响

会计分析是企业经济活动分析的重要组成部分，是会计核算的继续和发展。会计分析是以会计核算资料为主要依据，结合统计核算、业务核算和其他有关资料，采用专门的方法，从相互联系的各项经济指标中进行分析对比，查明各单位经济活动和财务收支的执行情况和结果，客观地评价计划和预算完成或未完成的原因，肯定成绩，找出差距，总结经验教训，提出改进措施，借以改善经营管理，提高经济效益。

在网络环境下，会计信息系统将采集到的数据和加工生成的会计信息存储在系统数据库中，既可以按约定的格式和内容提供会计信息，也可以由用户根据自己的信息需求，在数据库数据的基础上加工生成个性化的会计信息。

在信息飞速发展的时代，会计信息在社会经济发展和企业经济效益中发挥着越来越重要的作用。现代信息技术和会计电算化能将社会经济活动的细枝末节精确地记录、保存和传播，会计人员可以通过计算机分析会计信息，从中发现企业生产经营过程中的问题，对客观经营活动进行调节、指导、控制、减少资源浪费。通过分析用户的信息需求，会计人员不但可以制定有关的信息纪律、储存、维护和报告的规则，还可以制定在信息处理过程中用到的相关模型和方法等，并将这些结果经过信息系统的处理后传递给相应的用户。

（二）会计信息化对会计核算方法的影响

会计核算方法是对经济业务进行完整、连续和系统的记录和计算，为经营管理提供必要的信息所应用的方法，传统会计的核算流程一般包括设置账户、复式记账、填制和审核凭证、登记账簿、成本计算、财产清查和编制财务报表。

实现会计信息化后，会计系统将成为一个实时处理、高度自动化的系统，会计处理流程将采用集成化的软件代替，可以与业务处理流程实现无缝链接和实时处理。

传统会计的核算显得纷繁复杂，使得许多企业在确定核算方法时，更注重简单、易用而忽视了科学性和合理性，而且数据在不同凭证账表中的抄写和结计造成人工的浪费，但是在会计信息化系统中，会计核算的方法将科学合理，很大程度上提高了会计资料的准确性。会计人员从繁杂、重复的会计日常事务中得到解放，科学性和合理性成为选择核算方法的主要考虑因素。而且实现会计电算化后，利用计算机可以采用手工条件不愿采用甚至无法采用的复杂、精确的计算方法，从而使会计核算工作做得更细、更深，使得更多企业经营管理工作的重点更多地转向非事务性工作，如业务流程的优化、组织结构的调整，更好地发挥其参与管理的职能。

（三）会计信息化对会计检查方法的影响

会计检查是指由会计人员对会计资料的合法性、合理性、真实性和准确性进行的审查和稽核。会计检查是对经济活动和财务收支所进行的一种事后监督，是会计核算和会计分析的必要补充。随着信息技术的普及和网络媒体的应用，企业将利用互联网络使会计信息处理高度自动化，工作流程简化且易于管理。网络型的数据结构达到信息高度共享，冗余度降低，各管理、生产组织部门的数据信息都将通过网络直接进入会计处理系统，每个员工都可能成为会计信息的生产者和使用者，会计信息可随时监督和检查。

企业领导也可以通过网络直接实现生产现场管理，对产生的问题及时发现处理。但由于会计事项由计算机按程序自动进行处理，如果系统的应用程序出错或被非法篡改，计算机只会按给定的程序以同样错误的方法处理所有的有关会计事项，系统就可能被不知不觉地嵌入非法的舞弊程序，不法分子可以利用这些舞弊程序侵吞企业的财物。系统的处理是否合规、合法、安全可靠，都与计算机系统的处理和控制功能有直接关系。会计信息系统的特点及其固有的风险决定了会计检查的内容要增加对计算机系统处理和控制功能的审查。

在会计信息化环境下，为防范计算机舞弊，企业会计内部控制制度也要随之改变，随之建立新型的会计工作组织体系。会计人员必须花费较多的时间和精力来了解和审查计算机系统的功能，以证实其处理的合法性、正确性和完整性，并保证系统的安全性和可靠性。

总之，会计信息化不仅改变了会计核算方式、数据储存形式、数据处理程序和方法，还拓展了会计数据领域，提高了会计信息质量，而且改变了会计内部控制与检查的方法，促进了会计理论与会计实务的进一步发展和完善，极大地推动了会计管理制度的改革，是整个会计理论研究与会计实务的一次根本性变革，会计信息化对会计理论和实践必将产生深远影响。面对这一发展趋势，会计人员必须重新审视有关会计基本理论，不断挖掘新的理论内涵：会计人员必须转变观念以适应会计信息化条件的新型会计工作；会计人员必须参与到企业信息系统的建设中，并与信息人员一道完成对信息系统及其资源的管理。

第六节　基于网络视域的会计信息系统的“五化”

网络环境下的会计信息系统具有实时性、协同性、智能化、动态性和多样性等特点，为进一步完善会计信息系统提供了坚实的技术基础。通过网络，金融事务、会计往来将越来越频繁，单位内部的财务活动和单位外部的财务活动高效化、实时化，并对单位的经济运作、财务往来、会计核算等做全面、及时的监控，实现财务的静态管理为动态管理，提高企业整体效益。

一、会计信息处理实时化

在网络背景下，会计信息系统一改传统会计事后的静态核算。企业的生产、销售、人事、仓储等各个业务部门借助于网络将各种信息实时传输到会计部门，发生交易的数据通过网络传递直接下载到会计应用程序中去，会计部门及时处理后将相关信息反馈回去，从而使各个部门信息处于随时的沟通之中，最大限度地发挥会计的反映与控制各类交易的职能。至于对外公布，企业可通过防火墙（Firewall）及相关的加密过滤技术将动态数据库内容在 Internet 上实时传送给税务、审计、统计、证券机构等外部信息使用者，各种信息使用者从自己的实际利益出发各取所需，搜寻出及时性、相关性较强的信息。这种实时化不仅可以使会计信息系统通过内联网、外联网直接采集有关数据信息，实现会计和业务一体化处理，还可以使会计核算从事后的静态核算转为事中的动态核算，极大地丰富了会计信息的内容，提高了会计信息的质量和价值。这样，从原始文件到最终会计信息的生成过程就可以立即完成，所需的会计信息可以在任何时候获得，会计信息的搜集、输入、处理和提供实现了实时化: 尤其会计核算数据在互联网上的传递与传统会计信息披露方式相比，没有时间和空间的限制，因为电子数据在网络上是以光速传送，几乎可以说是没有时差。

只要给网络内输入会计信息，任何地点的信息使用者在任何时候都可以在网上查询到相应的会计信息。因而，日常会计信息的披露将变成现实，极大地增强了会计信息披露的时效性，能够满足决策者的及时需要。

二、会计与相关者协同化

网络环境下，会计系统不再是信息的“孤岛”，网络使会计与企业内部各部门协同、与供应链协同、与社会有关部门协同，真正体现了“数出一间，数据共享”的原则。由于企业间、企业同客户间的物理距离都将变成鼠标距离，不仅要求企业内部网上采购、销售、考勤预算控制、资金准备等协同、企业与供应链的协同（网上询价、网上催账、网上订票、网上生产计划等），而且要求企业与工商、税务、金融、保险等发生着频繁联系的部门，可以在网上实现（如网上银行、网上保险、网上报税）协同。会计与相关者协同化，使得会计管理能力能够延伸到全球的任何一个结点，可以顺利实现远程报账、远程报表、远程查账和远程审计，也会很方便地掌握远程仓库、销售点的库存销售等业务情况。这不仅可以降低企业采购成本，提高资金周转率，而且还可以降低整个社会工作成本，从而使社会经济生活更加高效有序。

三、会计信息管理模式智能化

在网络时代下，企业的管理将成为以知识和信息为核心的管理，这就要求企业信息高度集成，会计信息资源高度共享，而网络技术的发展为这种信息集成提供了可能。因为在网络环境下，会计信息系统采用在线管理和集中管理模式。为了适应这一要求，由过去的会计人员都是独立的封闭的工作单元，改变为会计信息系统的有关人员都在一个开放的网络上进行工作。如网上会计审批、会计制度在线更新、在线服务支持、在线会计岗位教育、在线调度资金（异地转账）、在线证券投资（外汇买卖），软件维护、应用指导、版本更新等均可以在线实时处理。由于网络会计信息系统实现了会计信息的网上发布，投资者及其相关利益集团可随时上网访问企业的主页，以获取企业最新的及历史的财务信息，从而减少了外部信息使用者的决策风险。也由于管理信息系统最大的子系统——会计信息系统实现了实时跟踪的功能，从而使管理者可以及时了解最新的情况，管理决策效率极大地提高。网络的出现使得集中式管理成为可能。

企业的规模越来越大，为整合企业会计资源，加强对下属机构的财务监控，采取集中式管理，这不仅消除了物理距离和时差概念，高效快速地收集数据，并对数据进行及时处理和分析，而且还能够实现业务协同、动态管理、及时控制、科学预测，使企业实现决策科学化、业务智能化，使企业充分利用信息，提高投资回报率，保障企业在有序的智能化状态下高速发展。因此，实现了降低运营成本和提高效率的目标。

四、会计信息核算动态化

在网络的影响下，企业主要在网上进行交易，出现了电子单据、电子货币等多种交易方式，也使电子结算成为可能。

由于电子计算具有强大的运算功能，从会计凭证到会计报告全过程的信息处理都是由计算机来执行，人工干预大大减少，客观上消除了手工方式下信息处理过程的诸多环节，如平行登记、错账更正、过账、结账、对账、试算平衡等。相对手工会计而言，这样就大幅度地降低了计算的复杂程度。也由于各种数据实现在线输入，电子货币自动划转，业务信息实时转化，自动生成会计信息，省却了手工方式下将业务资料输入到会计账簿的过程，使得会计核算从事后核算变为实时核算，静态核算变为动态核算，会计信息管理实现在线管理。会计信息收集处理的动态化使得会计信息的发布和使用能够动态化。

会计信息生成后，通过会计软件实时反映到企业公共信息平台，或直接送到有关用户的电子信箱中去。这样，信息使用者可以随时了解企业的信息，及时做出决策。

五、会计信息提供多元化

由于网络的发展，会计信息使用者需要的信息越来越多样化，使得会计信息的提供必须多元化。首先，会计理论多元化，为会计信息提供多元化奠定了基础，使得会计理论、内容、目标呈现多元化特征。会计假设得到扩展，多主体、多币种、不等距会计期间成为可能和必要，计量属性多样化，权责发生制与收付实现制并存，历史成本与重置成本并存，记账方法采用多式记账法。其次，会计方法多元化，为会计信息提供多元化提供了保证，计算机强大的运算功能及网络技术的发展使得会计核算能多种方法并用，以满足不同使用者对信息的要求。最后，网络技术提供了多元化会计信息的功能，使得多元化会计信息真正成为现实。

企业不仅可以提供规范的标准会计信息，还可以提供所有可能的以会计方法为基础的会计信息。此外，还能通过对这些所有可能的会计方法的多种组合，推出自己的信息产品。具体来讲，它包括收集与提供信息的多元化，处理信息方法的多元化和提供信息空间的多元化等。

总之，网络环境下，会计信息系统可以理解为一个由人、电子计算机系统、网络系统、数据及程序等有机结合的应用系统。它不仅具有核算功能，而且还具控制功能和管理功能，因此它离不开与人的相互作用，尤其是预测与辅助决策的功能必须在管理人员的参与下才能完成。所以，网络环境下的会计信息系统不再是一个简单的模拟手工方式的“仿真型”或“傻瓜型”系统，而是一个人机交互作用的“智能型”系统，它使会计工作由核算型向管理型转移，推动着会计职能向深层次延伸。

第二章　现代信息技术环境下会计信息化的教学目标

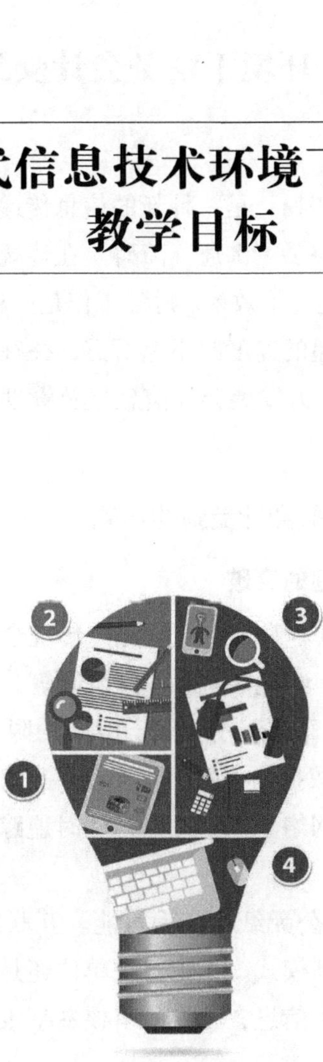

随着科学的发展与技术的进步，企业信息化直接影响着会计信息化，在新的会计环境下，新的会计人才培养要求已经提出，目前的会计人才培养已经不再能满足企业的需求。因此，高校必须紧密结合会计信息化对高素质人才的需要，调整教育方案，以培养出促进社会进步、符合社会需要的复合型会计人才。

第一节 “互联网 +”环境下财务会计受到的影响及发展趋势

互联网作为信息技术发展的产物，是一种新的信息传递机制，它通过技术手段解决了信息不对称的问题，从本质上解决了“沟通”障碍。在传统行业中，所有和信息有关的部分都可能被互联网所取代，大大提高了效率。财务工作是一项极为重视沟通和效率的工作，而以前由于技术的限制，信息传递的速度跟不上所需，往往会造成信息不对称，在很大程度上影响着企业的决策。因此，大力发展会计信息化及管理职能的转变是财务工作未来要做的重要工作。

一、“互联网 +”环境下财务会计受到的影响

（一）对传统会计面临的难题的突破

随着“互联网 +”的发展，其本身带有的优势令传统会计面临的一些难题得以突破。例如：远程查账、远程财务稽查、跨地区财务业务协同等。

（1）“互联网 +”使财务工作克服了空间、时间的限制。传统的会计工作受时间和区域的影响，无法随时随地进行数据的查阅，不便开展财务工作。而在“互联网 +”下，只要有网络，财务工作就可以在网络上顺利进行，随时追踪数据进行账务处理。例如远程查账。

（2）“互联网 +”使移动办公无纸化变为可能。互联网的发展，尤其是移动互联网的发展，带动了财务工作的办公新模式。无论是在单位还是在家中或其他地方，只要连接网络，就可以用移动设备查看财务信息，领导的审核签字也可以在线签署，财务工作将会变得更加便捷、高效。

（3）“互联网 +”使财务数据实现了共享。随着企业的发展，子公司的数量逐渐增加，传统的会计工作无法及时、准确获取各分子公司的财务信息，从而导致数据的滞后。在“互联网 +”下，随着新信息技术的发展，会计信息化水平将得到很大提高，使财务数据在网络上实现共享变成可能，财务人员可以通过互联网准确掌握各分子公司的财务数据。

（二）对传统会计在确认、计量上产生的影响

在“互联网 +”与各种经济领域融合的过程中，经营上的创新也随之而来，比如网络游戏中的虚拟物品、虚拟货币等。这些经营创新的产物对传统会计在计量、确认上产生了影响。

（1）“互联网 +”对会计计量产生的影响。会计上对资产的计量通常有两种价值基础，即投入价值和产出价值。其计量属性有历史成本、现行成本和重置成本等。资产的产出价值是以资产通过交换而最终脱离企业时可以获得的现金及现金等价物为基础的，其计量属性有现行市价、可变现净值、清算价值及未来现金流量的现值。

随着互联网的应用及计量对象的不断扩充，历史成本计量受到其相关性差的影响。对于虚拟资产来说，传统商品销售中，商品只能销售一次，所有权也随着销售同时转移。而对于虚拟资产来说，虚拟物品可以被多次重复销售，产品的复制成本可忽略不计。由此，虚拟物品的价值就大大超出原来的成本投入，历史成本计量就不适用于虚拟资产了。虚拟资产的价值与其产生的未来超额利润直接相关，未来现金净流量法充分考虑了货币的时间价值及虚拟资产未来的盈利水平，只要未来现金净流入能够可靠地加以预计，虚拟资产的计量将适用于未来现金净流量法。

（2）“互联网 +”对会计确认产生的影响。“互联网 +”环境下，企业不断发展与互联网有关的领域，会计确认对象逐渐多样性。这些经营创新的产物将会改变传统会计在确认上的认识。例如虚拟资产的会计确认，就是对新型无形资产的确认。由于其符合资产确认条件：企业所拥有或可控制的、预期可以带来未来经济利益，所以作为一项资产进行会计处理。虽然虚拟资产不具有实物形态特性与无形资产类似，但虚拟资产的开发和生产是为了销售，给企业带来的是直接利益，这与无形资产又有明显不同。因此，虚拟资产不能按照传统会计的确认方式将其归为无形资产，而应该作为一项新型无形资产被确认。

“互联网 +”在不断地发展，越来越多的创新产物也将不断出现，这些创新产物得到会计上的合理的计量和确认。

二、“互联网 +”环境下财务会计面临的机遇

（一）“互联网 +”为会计从业人员转型带来了机遇

我国互联网经济发展起步较晚，企业财务人员的知识水平和互联网操作能力没有得到足够的重视，这就导致了人才的相对短缺，也导致了企业在互联网经济下的创新能力的丧失，使得相关工作陷入比较困难的境地。在“互联网 +”背景下，财务从业人员除要具有会计专业技能外，还需要紧跟时代变化的发展，不断提升。这种人才即复合型会计人员。复合型人才要求会计从业人员既有会计的专业知识，又具有熟练操作互联网的能力，还能熟练运用各种会计分析、预测、评价的专业方法。这给“互联网 +”下的会计从业人员带

来了不小的冲击，对于老一辈的会计来说，纸上算账已经不符合时代发展的需要了，现代会计要求财务人员不仅在专业知识方面过硬，业务素养也要提升，要根据政策及时代发展方向提升自我知识技能。而财务人员的转型也会促进“互联网 +”下财务会计向更深层次融合和发展。

（二）“互联网 +”为财务会计向管理会计转型带来了机遇

在“互联网 +”的影响下，信息的传递速度和信息的共享性使企业对会计信息的要求越来越高，而传统的会计工作已经跟不上这些要求。随着“互联网 +”时代下云计算、大数据、移动互联网等新兴技术的广泛应用和快速发展，会计的管理职能终于得到了重视，将会计人员的核算工作时间缩减，以便有更多的时间用于为企业创造经济利益的管理中去，将会计核算职能和会计管理的职能明确区别划分。因此，财务会计逐步向管理会计转型。会计工作逐步将重心从外部利益相关者转移到内部经营效益的服务中来，更多地关注企业决策、预测、财务，为企业的发展提供数据支持。这种转变应体现在以下三个方面。

一是由“静态控制”转向“动态控制”。

传统的会计工作受到技术和人员素质的诸多限制，一般都是进行静态预算、反馈、预测及控制，这种方式对数据的实时性和准确性都不能保证，不利于企业对数据的正确理解和把握，财务作为企业的重要部门，更无法为企业的长久发展指出正确的方向。在“互联网 +”时代，在全新的互联网工具及新型业务管理模式下，财务部门与各业务部门可以无障碍沟通，对信息的准确和及时性也有重大的提升，使得财务人员能够更加容易参与到企业活动及决策中去，有效控制企业内部管理，并且在企业经营的全过程中，根据不同的状况进行适当的调整，为企业可能发生的风险、损失进行剔除，将企业的成本控制在合理范围内，尽可能地使企业的经营利润保持稳步增长。

二是由“事后算账”转向“事前预测、事中控制”。

传统的会计工作就是将数据汇总，作凭证、报表，不会考虑为企业带来什么利益。在互联网时代，新兴技术的运用促进了核算时间的缩短，加强了对各种会计信息的分析，这些分析可以在业务开展前及企业决策中作为辅助数据为决策的制定提供帮助。现代会计应将数据的分析和评价作为主要工作内容，主动地提供数据支撑企业利润增长和重大决策，在未来发展中积极参与和讨论，提供帮助。

三是由“部分控制”转向“全面控制”。

由于在互联网的影响下，财务部门与其他部门可以做到沟通无障碍，信息共享，即财务信息反映的不再是不完整、不全面的企业经营数据，而是将企业部门的数据融入财务数据中去，使财务数据更加全面、具体，各部门也能根据财务数据了解业务情况，与预期的对比，并能利用数据开展下一步计划。因此，财务部门与其他业务部门的完美衔接，促进了数据从片面到全面，从简单到复杂，使财务部门从部分控制到全面控制。

为了适应市场竞争，我国企业不断尝试新的管理方式，尝试运用互联网思想进行会计管理。海尔集团是比较早开始对会计管理的理念创新的企业。海尔集团执行副总裁、首席财务官谭丽霞认为：传统的管理会计就是在静态下进行的核算工作，之后进行数据反馈和分析。而在互联网时代，这个方式需要根据所处环境发生质的变化，通过信息技术等方式，对会计信息根据市场环境的变化适时进行预测、计划。对企业的战略提出正确的数据支持。

（三）“互联网 +”为会计信息化建设带来了机遇

会计信息使用者的多样化带来的是企业对会计信息的效率、质量，以及成本可控性提出了更高的要求。

在我国企业的会计信息化建设刚刚起步，虽然已经取得了一定的成绩，但与国外公司先进的信息化建设之间还存在一定差距。而这些差距将会阻碍企业的发展。这些差距主要集中于两个方面：一方面，是企业的信息化基础比较薄弱。企业在信息化建设上没有投入大量的物力、财力，没有采购先进的信息化设备，这导致了信息化缺少了必要的信息基础。另一方面，是信息化软件的不适合。企业在会计信息化软件的选择上，普遍都是市面上比较常见的会计信息化软件，这些软件与企业的实际情况并不吻合，同时在会计信息化软件的使用程度上的不足，也是企业会计信息化建设的普遍现象。

随着互联网的发展，以及以云计算、大数据等信息技术为代表的高新技术的突飞猛进，我国企业如果想在竞争激烈的市场中占有一席之地，必须提升会计信息化，会计信息化在企业的未来发展中起着日益重要的作用。为了贯彻我国国家信息化发展战略，全面推进我国会计信息化工作，国务院和财政部都针对信息化的发展提出了指导意见。

在互联网时代背景下，会计信息化只有顺应网络化、信息化的发展趋势，加强会计信息化建设、满足国内外不同监管部门和会计信息使用者的需求，才能促进企业在控制力、管理能力等方面提升能力，使企业在整个市场乃至整个世界的竞争中都占有优势，具有话语权，才能在世界上占有一席之地。

纵观世界上处于竞争优势的大公司，都将信息技术作为企业发展的重要手段。在组织形式、管理方面的创新，都会促进企业经营的效率，提升企业管理水平，在业务流程方面也会促进再造的工作。在大量资金投入的基础上，这些大型公司在信息化建设上积累了大量的经验教训，这些经验教训对会计信息化的实时性、集成化，以及对组织机构、人员的建设都发挥了充分的作用。

（四）“互联网 +”为会计相关领域的发展带来了机遇

互联网像水、阳光和空气一样渗透到人们的生活中。互联网和移动互联网无处不在，无论是在工作上还是在路上。互联网环境下信息技术的发展最为迅速，对会计领域的发展影响最为重大。传统会计是以每个单位为基础，相对独立的工作范畴。在大数据、移动互联网等新兴技术的引领下，企业的服务对象不再都是实体的，也可能是虚拟的，而企业本身也可能是虚拟的。会计资源不再局限于线下，有很多来自线上，由资源的独立走到资源共享。在这种情况下，会计的工作与互联网深度融合，衍生了更多的虚拟产业，如：网络代理记账、在线财务管理咨询、云会计、云审计等。在这个基础上也促进了电子商务、信息安全等相关技术产业的扩张和发展。

三、财务工作的发展趋势

纵观国内外企业的发展，都会经历规模变大、人员增多、管理层增加等现象所产生的成本高、效率低、组织机构重复、流程复杂等问题，信息的沟通与传递是否顺畅和快捷成为企业在经营活动中信息是否全面的重要因素。互联网的发展及新型技术和理念的建立，促使会计信息化向信息共享化发展，信息共享服务的提升将会为企业的发展起到不可替代的积极作用。

当今社会，已经有很多企业开始运用共享服务，利用互联网的优势为企业提高了效率、准确性和有效性，为企业吸引更多新的客户及更多的业务提供了基础。例如：摩托罗拉公司作为大型公司，随着经营发展规模变大，其子公司遍及全球。在企业内部由于流程不标准、准则不统一等问题给企业管理带来了不小的冲击。为了改变现状，摩托罗拉公司开始推行财务共享服务战略。摩托罗拉公司在世界范围内建立了三个区域财务共享服务中心，这三个财务共享服务中心分别处理其各区域的财务工作。经过财务共享服务的实施，其效果也逐渐显现出来：提高财务效率、降低财务成本、统一财务流程等。摩托罗拉公司也是较早推行财务共享服务的大企业之一。

随着云计算、大数据作为信息技术手段出现，在移动互联网的背景下信息共享服务将提升到一个新的高度。伴随着财务云、在线会计服务在云会计的基础上建立起来，人们的工作方式也将发生重大的变革，利用互联网无时间、空间的限制，企业的管理人员和各个信息使用者们将可以随时随地进入信息系统，这种新型的信息共享服务对数据的收集和处理更加高效，对人员的配置更加合理，在工作流程上也越来越标准化，同时低成本、高效率、高安全性也将是未来新一代财务信息共享服务的重要特征。

第二节　现代信息技术对现代会计教学的影响

随着社会经济的发展和信息技术的不断进步，现代信息技术环境下的会计教学也迎来了更多的机遇与挑战。我们要做的是改善信息技术环境，使其能够进一步地完善和提升，促进会计教学模式在良好环境中有效地开展，积极探索教学模式，在发展中为会计教学提供可借鉴的经验和新的启示。改善信息技术环境首要了解的就是现代信息技术对现代会计教学的影响。

一、信息技术对会计培养目标与课程设置的影响

作为一项跨世纪的高校教育，会计教育必须面向新世纪，加快改革步伐，加强信息技术教育，构建适应信息时代的大学会计教育中的信息技术教育框架。为适应信息社会的发展及其对会计人才的需要，必须改革课程设置、更新教学内容，注重培养学生运用信息技术的能力。

（一）信息技术对会计教育培养目标的影响

21 世纪是全球信息化的时代，在以信息技术为核心的知识经济中，劳动力资源日益知识化，人的知识成为创造价值的主要源泉。同时，人力资源管理也从简单的人员调配，向人员智力开发、潜能挖掘、知识积累及发挥创造性的综合能力方向发展，教育已成为人力资源管理的一个重要环节。在知识经济中，会计人员的自身价值也发生了质的变化，会计活动已变为一项重要的管理活动，特别是以计算机技术、通信技术和网络技术为核心的信息技术在企业管理中的运用，使会计活动融入经营活动中，并直接参与社会财富的创造。在这种形势下，会计人员在知识结构、基本技能及自我能力的开发等方面，与传统会计人员相比，有了更高的要求，从而对会计教育也提出了不同的要求。

传统会计教育在培养目标上，只注重“应知”“应会”，即只要求会计人员掌握会计基本知识和基本操作技能，能够完成账务处理、报表编制及一般的财务管理工作。但在以信息技术为核心的知识经济时代，只掌握会计知识的会计人员不仅难以完成会计工作，更无法胜任财务管理工作。因此，现代会计教育培养目标必须适应信息技术不断发展和企业经营环境不断变化的要求，不仅要培养会记账的会计人员，更要培养能够运用现代信息技术进行财务管理的管理人才。

会计人员不仅要通晓会计理论与实务，掌握现代工商管理知识，具有较高的外语水平，还要掌握计算机操作技能、会计软件使用和维护技能，以及网络技术、电子商务等一系列

新技术与新知识。

会计人员应把更多的精力放在组织管理、职业判断、分析预测、参与决策等方面，会计人员应具有较强的逻辑分析判断能力和创造性思维的能力，能协助企业领导者进行预测分析和决策筹划。

会计人员作为企业业务的综合管理者，应从会计的角度对业务过程的合理性进行评价，积极涉足新的业务发展领域，敢于采用新方法和新技术。

会计人员应能妥善处理与高层经理、业务人员、客户之间的工作关系，了解企业内部与外部的业务情况，以便更好地发挥辅助决策的作用。在信息技术环境下，企业的业务流程和管理组织将进行重组，传统的金字塔式的企业组织结构将被团队式的以高效率工作小组为基础的管理结构所代替，计算机辅助协同工作将成为企业的主要管理模式。在这种管理模式下，每个成员的工作都可能对企业的整体利益发生重大影响，这就要求会计人员要有良好的团队协作精神。

（二）信息技术对会计课程设置的影响

在众多财经类院校会计专业现有的会计课程体系中，与信息技术相关的课程主要有计算机应用基础、电算化会计、电算化审计等。在这些课程设置中，计算机及信息技术处理方面课程的比重和深度均不够，不能适应信息技术发展对会计工作的要求。

在现代信息技术条件下，数据共享、网络传输已成为信息管理的主要方式。鉴于会计信息与生产信息、经营信息在很大程度上已融为一体，在设置会计课程时，必须考虑信息技术环境下处理会计信息的需要。首先，在信息技术环境下，许多会计数据直接从业务数据库中获取，会计信息系统中的账、证、表均存储在数据库中，财务人员在进行财务分析和财务管理过程中需调用相关数据库中的数据，因此，会计人员应掌握数据库系统的工作原理及相关技术。其次，会计信息系统是管理信息系统的一个子系统，它与管理信息系统的其他子系统之间均有数据联系，以实现相互协作，共享数据。在信息技术环境下，会计工作向管理方面的转化及电子商务的出现，要求会计人员必须了解和掌握管理信息系统和电子商务方面的知识。

面对信息技术的飞速发展及其在企事业单位的广泛应用，会计教学中应增设与信息技术相关的课程，如计算机网络基础与组网技术、数据库原理、管理信息系统、电子商务等课程。这些课程是会计电算化专业的必修课。会计专业的学生可以根据其爱好与需求进行选修。在这些课程的教学过程中，不仅应加强学生对信息技术的理解和对信息技术应用的掌握，而且要强调对会计信息系统的分析与设计的理解。

为了适应新世纪的需要，我们认为，该课程的内容应该随着信息技术和审计理论与实务的发展不断完善，通过本课程的学习，使学生理解和掌握计算机审计的对象与内容，计算机会计信息系统的内部控制，计算机会计信息系统审计的方法，掌握计算机审计软件，能够正确地分析计算机舞弊的手段并提出防范建议，为学生未来的注册会计师工作打下基础。

综上所述，信息技术对财务会计的影响间接反映了网络经济对会计教育培养目标的影响，教育课程必须改革才能与经济环境相匹配，当前计算机教育是课程中的重点，但是它只有与会计专业知识相结合，会计教育才能达到目标。

二、信息技术对会计教学环境的影响

现代信息技术的应用将为构建新的会计教学模式提供理想的教学环境。当前，高等教育会计教学改革的关键在于如何充分发挥学生在学习过程中的主动性、积极性、创造性，使学生真正成为学习的主体和信息加工的主体，而不是外部信息的被动接收器和知识灌输的对象，教师如何真正成为会计课堂教学的组织者、指导者、促进者，而不是知识的灌输者和课堂的主宰，要实现这样的教学改革目标，就不应离开现代信息技术环境的支持。多媒体计算机的特点为传统会计教学模式的改革提供了良好的教学环境。

（一）多媒体计算机的交互性

多媒体计算机的交互性有助于激发学生的学习兴趣，充分体现学生在教学过程中的主体作用。多媒体教学注重多感官的刺激，通过多感官的刺激所获得的信息量，比单一听教师讲课强得多，更符合人类的认知规律，因而也就更有利于教学效能的提高。多媒体计算机的交互性有利于充分发挥学生的主体性。在多媒体计算机这种交互式学习环境下，学生则可以按照自己的学习基础、学习兴趣来选择所要学习的内容和适合自己水平的作业练习，实现学生学习的自主化、个性化。多媒体计算机的交互性所提供的多种参与活动就为发挥学生学习的主动性、积极性、创造性提供了良好的教学环境。

（二）多媒体计算机的超文本特性

多媒体计算机的超文本特性可实现对教学信息资源最有效的组织与管理。超文本（Hypertext）即是按照人脑的联想思维方式，用网状结构非线性地组织管理信息的一种先进技术。我们要充分利用多媒体、超媒体、超文本等方法表述会计教学信息内容，与学生大脑知识的网状结构相匹配，使教学信息内容走向形式多样化、思维个体化，交叉化和综合化，使每个学生都能根据自己的学习需求，寻找学习专业知识的切入点，并且多层次、多角度地对所感兴趣的问题进行探讨分析，再把各种会计学科知识进行有机的组织和链接，最后系统掌握会计理论与方法。根据超文本的特性，可以按照会计教学目标的要求，把包含不同媒体信息的教学内容组成一个有机的整体。例如，在讲授《基础会计学》时，传统的印刷教材对会计核算程序这部分教学内容只能采用文字表述方法，学生由于对会计职业岗位缺乏了解，对这部分教学内容难以理解，假若我们能深入会计核算单位，用摄像机将单位有关的会计核算工作的全过程包括从审核原始凭证、填制记账凭证、登记会计账及编制会计报表拍摄下来在课堂上插播，辅之以相关的凭证、账表等实物展示，再结合会计核算流程的动态演示，把这些包含不同媒体信息的教学内容组合在一起，就能取得较好的教学效果。

（三）计算机的网络特性和虚拟特性

计算机的网络特性和虚拟特性有助于解决会计教育资源严重滞后于现实需要的问题，有助于培养学生的合作、创新精神和促进信息能力发展的研究能力。

1. 有利于教育信息资源实现共享

利用计算机的网络特性使得教育信息资源实现共享，使会计教学活动的时空限制大大减少。通过建立学院教师教学素材库、学生在线学习资料库和电子作业系统、学生的会计实验软件系统和实验案例库，可以把学院内优质的会计教学资源集中起来，放在学院的会计教育网站，供学生随时随地进行在线学习或下载。利用计算机的虚拟特性，可以创立虚拟化的教学环境，如虚拟教室、虚拟实验室、虚拟校园、虚拟图书馆等，使教学活动可以在很大程度上脱离物理空间与时间的限制。

2. 有助于培养学生的合作精神

利用计算机的网络特性有利于实现培养学生合作精神并促进高级认知能力发展的协作式学习。所谓协作式学习，就是要求教师为多个学生提供对同一问题用不同观点进行观察和分析比较的机会，目前基于计算机网络环境下的协作式学习主要有讨论、竞争、协同、伙伴和角色扮演等多种形式，例如，教师可以指导一个班级的学生就某一会计热点问题作为主题进行研究，显然，网络就成为同学们最好的学术交流和共事研究成果的平台，每个同学可将搜集的资料和自己的研究结论和观点在网上公布，全班通过 E-mail、BBS 进行讨论、通过网络共享资料、共享观点，协调研究步骤，由此推动学生在各自原有基础上深化研究，最后完成自己的研究论文。

3. 利于培养创新精神和促进信息能力发展的研究能力

利用计算机的网络特性，有利于实现培养学生创新精神和促进信息能力发展的研究性学习。创新能力和信息化会计能力是 21 世纪高素质会计人员的两种重要能力。国际互联网作为世界上最大的、拥有丰富信息资源的知识库、资源库，这些知识库和资源库都是按照符合人类联想思维特点的超文本结构组织起来的，因而特别适合于学生进行基于自主发现、自主探究性学习，学生在国际互联网的知识海洋中可以进行自由探索，对所获取的大量会计学信息进行分析、评价、优选和进一步进行加工，再根据自身的需要充分加以利用，将对学生形成良好的信息素养起到积极的作用。

综上所述，将现代信息技术与会计教育教学进行有机的结合，将大大优化教学过程，充分发挥学生的学习主动性、积极性、创造性，为学生合作精神、创新能力、信息素养的培养创造最理想的教学环境，而这样的教学环境正是创新会计教学模式所不可缺少的。

第三节　会计信息化人才教育发展现状研究

信息经济的背景下，我国的会计信息化水平也在不断提高，特别是加入 WTO 之后，国际一体化已经成为现实，会计信息化建设的发展迫在眉睫。

一、当前会计信息化教育的发展状况

（一）计算机的应用加速会计信息化教育的进程

自从 20 世纪 80 年代会计电算化的起步到 21 世纪，会计信息化经历了一个飞速发展的过程。由简单的计算机代替手工记账、算账、报账，到 90 年代的商品化、通用化软件，再到今日的管理型软件发展阶段，会计软件已不再仅仅作为手工记账的替代品，而且还具备了对企业内部的财务资金管理、提供控制决策等功能，进而实现信息的集成化。

当然，信息化的发展离不开适应时代需要的具有综合能力的人才，这样现实的要求使得高校面临着前所未有的挑战，各大院校要根据社会需求及时调整人才培养计划，转变人员培养方案，加大对信息化系统的投入，调整会计人才培养方向，在会计专业的教学中应设置会计电算化课程，课程教育实现“一人一机”，使每一个会计专业学生都能有机会学习会计软件操作，切实地保证会计人才的优化培训。

（二）会计信息化技术课程在各高校中已经广泛开设

会计电算化课程教育更多的是作为会计专业学生的必修课，在课程的学习中，要求学生简单了解会计应用软件的基本知识，进行上机的实际操作，学会进行会计账户的初始化，编制会计分录，依据原始凭证在系统中生成记账凭证，进行审核凭证，转账结账，进行试算平衡，最终将会计信息生成会计报表。通过对软件的学习，初步掌握会计软件的应用，这样有助于以后到企业中更快地掌握技术，熟悉业务。尽管全球信息化使得高校积极努力培养复合型会计人才，以适应社会企业的需要。然而，在会计信息化对人才的高要求高标准下，高校对会计人员的教育问题也初见端倪。

二、会计信息化教育发展中存在的问题

（一）电算化课程学习不够深入

即使高校教学计划中设置了会计电算化课程，但是会计电算化课程的学习内容比较浅显，大多只是在总账下的账务处理，讲授的实例也多是以工业化企业为核算对象，发生的

经济业务较少、较单一，只是简单讲授最基本的业务处理。然而在实际工作过程中的情况远比理论中的复杂，主要有几方面：①会计业务信息的处理涉及的内容广泛，不单单是总账处理系统的业务，企业级会计信息系统还有应收应付账款子系统、固定资产管理子系统、工资核算子系统、通用报表子系统、存货核算子系统、成本核算与管理子系统等诸多系统下的业务处理，但这些都是学生从没实际接触的；②会计核算主体涉及广泛，然而实际上，经济企业单位不都是工业生产企业，工业、农业及服务业等各行各业都要实现会计信息化，并且各类行业不同，企业也都有其特殊的经济核算业务，所以学习时只是以工业企业为例，限制了对学生教育培训的范围，这样不能够更好地迎合社会信息化进程中市场对人才的需求；③一个企业的经济业务也是多种多样，而学习中的经济业务处理多是简化的，所处理的最多也就是几十笔经济业务，甚至达不到一个经济周期发生的业务，所以在教育中这样的人才培训方式没有减轻企业对职员再教育的压力，学生走出校门后对会计岗位还需要经过一段相当时间的熟悉，才能熟练软件操作。

（二）教学课程的权重分配失衡

现行的会计教学体系虽然已经随着会计制度的改革做出了相应的调整，高等院校在会计课程体系方面基本采用“双轨运行”，即一条线是会计专业课程，主要包括初级会计、财务会计、管理会计、成本会计、财务管理等；另一条线是计算机类基础课程，涉及计算机基础、计算机程序及会计电算化课程。但是，在课程设置的比重上严重失衡，前者的课时学分占全部教学任务的近 70%，而后者不到 10%，尤其是会计电算化课程的课时较少，学生根本不能从课程中学到信息化系统的更多知识。两条线上，课程课时设置之间的差距使得会计专业人才的教学目标偏离了社会信息化对人才的需求目标，最终的教育结果是更多的学生偏重于专业课程，而忽视了计算机应用在实际生活中的重要地位。

（三）对会计信息化实践学习与技能培训的重视程度不够

由于我国会计信息化起步较晚，受科学技术水平、法规制度、理论知识体系等多方面的限制，国内会计专业人才的培养主要都是以会计理论的知识为主，辅以实践学习，对会计工作的实际操作及其他技能方面的指导重视不够，培养的会计专业人员大都缺乏在实际实践中应用理论知识的学习背景。在这种实践学习落后于理论学习的教育模式下，由于外界经济环境的多变，使得培养的人才难免会滞后于会计业务处理环境的变化，尤其是对于没有实际操作经验的应届毕业生。他们作为会计人员从业后，对会计活动认识不深，缺乏现代信息意识，只注重会计的核算，忽视会计分析与会计管理的重要性，缺乏利用信息技术处理信息的感性认识，影响会计信息化发展进程。

（四）会计信息化课程与理论课程脱钩

虽然会计教学的过程中引进了计算机、会计软件等辅助教学设备，但这些毕竟还只是停留在辅助教学的层面上，会计教学没有根本性的创新。会计信息化系统没有深入到理论学习中，没有得到应有的发挥。当前，会计专业基础课程的实践工作更多的仍然是传统的手工做账方式——手工制单、手工记账、手工制报表，而会计电算化知识的学习往往会重起炉灶，脱离会计专业基础知识课程的学习内容，这样的教学结构使得会计信息化技术没有从根本上为理论课程知识服务，理论业务也没有在电算化的实践教学中得到应用，两者的脱钩影响了各自的学习效果。

第四节　基于中小企业需求的会计专业人才培养模式研究

从我国会计人才市场和会计需求来看，中小企业对会计人才的需求是非常紧迫的。如何创新和完善会计人才培养模式以适应中小企业的发展，是当前我国会计专业人才培养模式创新的一个重要问题。

一、中小企业财务会计的特殊性与会计专业人才培养模式创新

由于中小企业在财务管理和会计核算方面与大企业或上市公司之间存在着较大区别，使其在会计人才需求方面也存在特殊性，这些特殊性主要表现如下。

（1）财务会计核算运行与制度规范有较大差异。中小企业业主对会计工作的无知和误解以及部分数业主的独断专行，导致企业的内部核算和内部控制混乱，也干扰了会计工作的正常进行，造成了企业会计核算的实际做法在很大程度上与现行的制度规范有一定差异和背离。其主要问题在于会计核算的反序运行，即以税定账、以税建账、无账运行或套账运行等等，表现为企业各种财务制度的残缺不全或选择性设置。从微观上讲，造成会计信息披露难以客观、公正；从宏观上讲，使国家难以全面真实掌握企业经营状况及税务负担，就难以制定切合中小企业实际情况的管理政策。

（2）中小企业财务会计与税务、债务、内务等方面的关系。中小企业在财务会计管理和实务中存在“三个密切关系”。

1）与税务部门的关系是无法割离的，这使企业的财务会计需要有更多的应税方法和处理技巧。

2)与债务方也存在着理不清的密切关系,除了与银行等金融机构的“官方”债务关系外，还有与各种信用机构或组织的“半官方”关系，以及广泛存在的内外部的民间借贷和私募所形成的债务关系，处理、协调好这些债务关系委实需要企业财务会计人员具有“特殊才能”。

3）与内部管理和利益方的无法割离的关系，与一般股份制企业不同，甚至与国有、集体企业不同，很多中小企业在经营管理、内部权力结构、外部关系等方面存在大量的利益及其博弈关系。“利益方”关系的存在使企业财务会计在真实信息、会计处理、收益分配、支付管理等方面有很多特殊的内容和方法。这是会计人员在日常管理和业务工作中需要认真对待的。

（3）资金运行和财务会计管理高度统一。我国中小企业的组织结构大多采取独资企业或合伙企业形式，这些企业一般仅有一个（或家族）业主，其组织结构简单，业主往往具有所有者和经营者双重身份，同时拥有企业的剩余索取权和剩余控制权，从而使得以股权广泛分散为特征的现代企业制度下产生的信息不对称问题及由此产生的各种代理问题在中小企业中出现的概率微乎其微。企业所有权与经营权的高度集中，导致“会计乃工具”成为在中小企业中的管理层看待会计人员的一致态度和普遍现象，也成为会计信息不真实的主要制度原因。中小企业资金运行和财务会计管理的高度统一，为企业业主的不规范会计管理提供了极大的便利，同时也给企业的发展带来了不良影响。

（4）成本费用分布不均和企业负担沉重。一方面，为应对狭小的市场规模和有限的生产规模，中小企业会不断压低生产运作成本，缩减相关费用：另一方面，由于缺乏融资渠道，造成企业融资成本费用很高。此外，企业社会负担沉重，尤其是资本积累被大量耗用，在相当程度上影响了企业的结构调整和扩大再生产，从根本上影响了企业未来的竞争力。

综上所述，中小企业财务会计人员与一股大中型企业相比，迫切需要解决三个“素养”问题，即会计人员的“综合”素养——各种财会业务岗位甚至超出财会业务的岗位的职责和能力集于一身；会计人员的“职业”素养——既要适应和正确处理各项企业事务又要忠实于企业运行的实际，既要对老板忠诚又要对其施加影响，既要服从又要具有公正的双重责任；会计人员的“全能”素养——即应对税务、债务、内务、业务的全方位能力，既要有理论与实践的才能又要有灵活与规范的技巧；既要有应对各种日常的会计、管理、核算、信息报告分析等的业务能力，又要有灵活处理小而杂、少而怪的业务事项的本领。这就是中小企业对财务会计人员的真实需求和现实需要。

二、中小企业会计专业人才培养制度创新策略

从具体操作方法、措施和制度方面看，其创新点主要有以下几个方面。

（一）重视会计专业人才培养

我国会计人才培养正面临的问题很大程度上在于我国社会经济和教育环境，对会计专业人才素质缺乏应有的认识是导致我国会计人才尤其是中小企业会计专业人才培养状态不甚理想的重要原因。国际会计师联合会（IFAC）公布的《国际教育准则第 9 号》中，将会

计人员应有的素质分为知识、技能和职业价值观三类，同时，将职业道德和职业价值观、沟通技能、交流技能和理性思维能力作为核心素质。通过对国内外学者有关会计人员应当具备的素质研究中，大多数研究者认为会计专业人才（会计人员）的最主要素质分别是，商业管理技能、商业管理知识、核心会计知识、个性特征、基础知识和技能。

面对不断变化的社会经济环境和基础教育在创新能力培养方面的不足，会计人才素质培养必须树立创造性教育、终身教育、人本教育和技能教育的理念，从而突出适应中小企业需要的会计专业人才培养模式。

（二）构建合理的课程体系

按照“宽口径，厚基础，高素质，强能力”的培养思路设计教学方案，改变长期以来注重专业需要和偏重知识传授的做法，综合考虑调整学生的知识、能力、素质结构，改革教学内容划分过细、各门课程过分强调系统性和完整性的状况，加强不同学科之间的交叉和融合。

（1）对会计专业的基础课程应适当压缩整合。避免教材内容僵化和重叠，增加对定义及不同观点的探索。同时，应将中小企业财务会计的内容融入到教学中，既有针对性的讲授，又要为学生的就业打下坚实基础。此外，还可适当选择一些必要的课程作为必修课或鼓励跨学科选修，既不占用太多时间，又可以让学生领略到其他学科知识的精华。

（2）应将学科内容划分为基础课程和应用课程。基础课程应以学生的知识和能力的培养为重点，例如，强化各级别财务会计的学习和运用。应用课程应使学生在学习基础课程的基础上，深化各门类会计、非营利组织会计和运用型会计这类课程的知识掌握。

（3）对会计专业的课程体系进行改革创新。要充分考虑专业知识结构和企业需求结构的一致性。从专业结构上讲，要在基本知识、相关知识的基础上，加大专业知识和专业能力的培养；而在适应中小企业需求方面，要着重在企业成本核算、会计方法及财务会计与税务、债务方面的能力培养，增设税务、信贷、工商、进出口业务等办理的具体业务课程，并加大基于此的实践能力强化训练；在创新能力方面，注重对中小企业在投融资能力方面和税务实践方面的训练和培训。同时，还要加大对会计方法（包括处置、操作、研究、比较分析等）的教育、养成和启发。改革现有课程体系的核心问题，一是注重能力、应变力和创新，二是注重操作和知识体系。

（三）改进教学方法

教学目标体系的调整并不意味着放弃系统知识的教学，而是要求教师应用现代高科技教学手段与技术组织教学、传授知识，大力推行教学互动类方法。要多层面、全方位地采用“案例教学法”“讨论式教学法”“实践式教学法”和“创新式教学法”。其中，前三种教学法是典型的互动式教学法。

案例教学法首创于美国哈佛大学商学院，以其先进的理念、富有启发性的教学方法在MBA教育中得到了广泛的应用，由于其具有针对性的实施方式，成为现代管理培训中一种不可替代的重要方法。案例教学法的应用要求在学生学习和掌握一定会计理论知识基础上，将会计案例引用到教学中，通过教师的引导、分析、对案例中的会计问题或困惑找出解决方案并要求形成书面报告，最后由教师进行评述和归纳总结。通过这样身临其境的体会，深化学生对理论问题的理解，增强他们分析与解决实际问题的能力。

讨论式教学法应用是在教师主导下，通过设置若干与课程相关的问题并引导学生思考，促进学生自觉主动地参与教学过程，加强师生之间和学生之间的对话交流并促进教学的一种互动式教学方法。会计课程的理论与概念比较抽象，通过讨论式教学的交流与讨论，可加深学生对概念与问题的理解，达到对知识的融会贯通。讨论式教学法作为教与学的一种重要方式，是一种教育理念，是新的人才培养模式，也是培养学生创新意识和创新思维的重要手段。

实践式教学法是在教师的带领指导下，进入有关合作单位进行实地调研学习，或邀请有关合作单位的专业人员到学校进行交流教学。会计是一门实践性很强的学科，理论教学和实践密不可分，实践式教学法可有效地沟通学校和企业，特别是有利于解释中小企业财务会计的特殊性。教学实践证明，实践式教学法在会计教学中非常受欢迎。

创新式教学法是由教师将中小企业会计和财务运行过程中的大量实际问题用互动式来解决，让学生知道在实践中存在什么实际问题和应当如何解决这些实际问题。“寻求解决方案”是这种教学的最大亮点。让学生根据所学专业知识自行去实践、去发现、识别、讨论、解决、验证，然后再由教师综合汇总，进行对比分析，将创新思路、创新知识、创新方法、创新内容始终放在专业教学的中心位置。

（四）构建科学的人才质量评价体系

现在的会计专业人才都是由各个学校自行教学、考核。事实上，各个学校在人才培养目标定位、教学体系安排、教学资源配置上都存在着很大的差异。因此，有必要改进人才评价标准，建立统一的人才质量评价体系，这个评价体系应包括会计人员的职业道德、知识结构、素质能力三大内容。该评价体系将对会计专业学生的培养模式创新起到积极的导向作用，并有助于用人单位对会计人才的选用和评价，适应中小企业发展的专业人才需要。

（五）创新和改善教学团队体系

教育者自身应当具备相应的素质、经验和能力，教学队伍必须精通至少是熟悉中小企业财务会计的业务活动，否则就是空谈。要解决这一问题，需要加强教师培训和师资队伍建设。

其中，突出的应该是教学团队的组成。要聘请适合教学的中小企业经理、财会人员进教室、进课堂，通过经验进行教学，在教育学生的同时，还能够对教师进行培训，是高校专业教育中一个新的选择和创新。

从育人方面讲，要通过中小企业的案例和样本来进行现场教学和指导，尤其是把会计核算、外部会计事项、财务管理中的难点等作为案例直接引入课堂，让学生面对、体会、讨论和尝试解决，在此基础上再进行有针对性的专业教学和考核。当然，这也是一个系统工程，不仅涉及教师、教材、教学安排，还涉及整个教学体系管理制度的改进完善。

第五节　会计类本科专业会计电算化课程的教学目标

随着社会信息化的发展，会计电算化这门专业课的重要性日益提高。虽然这门课在我国会计类专业已经开设了很长一段时间，但迄今为止，它没有形成完整的体系，还没编制出一本比较理想的教材，很多问题仍然处于不断的探讨之中，因而给会计类专业的会计电算化教学及学习带来了不少困难。要使会计类本科专业会计电算化课程获得良好的教学效果，首要的是明确会计电算化教学目标。

一、当前会计电算化教学目标确定中存在的问题

（一）课程设置目标定位不正确

教育目标一般要受教育观、知识观、思维方式、经济环境、经济发展水平等因素的影响，而一门课的设置目标则服从专业培养目标的需要，教学目标决定于课程设置目标。目前不同院校尽管对会计类各专业的教育目标有不同的叙述，但本质并无差异，在此不再赘述。会计电算化教学目标的确立是建立在会计电算化课程在专业课程设置中的地位和作用基础之上的，确立会计电算化教学目标首先要确立课程设置目标。

会计电算化课程设置目标因专业不同而不同，不同的会计类专业培养目标不同，会计电算化课程设置目标也不同。目前大家仍习惯于将它视作一门边缘学科。认为设置这门课程的目的就是既要学会会计知识又要学会计算机知识，教会学生如何逐一模块地去设计、编写程序，基本上都作为一门以计算机教学为主、会计教学为辅的专业课程。这样就导致各个会计类专业课程设置目标不同，没有真正确立该课程在专业课程设置中的目标，直接导致会计电算化教学目标不明确。

（二）课程体系框架尚未成熟，课程设置缺乏正确的参照体系

会计电算化作为会计学专业的一门课程，为我国会计电算化的普及做出了突出的贡献。

但由于缺乏权威性研究与规范，各高校在教学内容和教学方法上存在很大差异。各高校在教材的使用和编写方面仍未达成共识，导致缺乏相对稳定的课程框架，使大家都难以准确地掌握课程框架，实现教学目标，严重影响教学质量。

从目前教材内容来看，会计电算化教材大致有以下几种类型。

（1）开发型偏重信息系统的设计理论与技术。主要介绍会计信息系统的开发方法与主要功能模块的处理模型、数据模型、程序编制及开发工具。

（2）实务型偏重会计软件功能与操作方法的学习，一般以某种国内比较主流的会计软件为基础，分模块介绍各子系统的功能及系统设置、日常处理、账表输出等会计软件操作方法。

（3）综合型在介绍主要会计软件基本操作的基础上，介绍会计信息系统的基础及开发技术，分析主要功能模块的处理模型与数据模型及会计软件的实施与管理，在此类型下又可进一步划分为以实务为主的综合型和以开发为主的综合型。

无论哪种类型的教材都存在几个很大的缺陷。

（1）教材框架体系尚需完善

教材良莠不齐，各教材之间的内容差异很大，尚未形成较为成熟的框架体系。在现有的教材中，存在实用主义和纯理论两个极端，没有根据教学目标的要求编制专业适用的教材，从另一个方面也影响了会计电算化教学目标的确立。实用主义忽视了会计电算化的理论基础，降低了对学生的理论要求；而过于理论化又脱离学生的实际接受能力，使学生感到乏味。

（2）教材适用专业不明确

这些类型的教材似乎都是万能的，它们要么表明它们适用于不同的会计专业，要么没有解释其适用范围。一般来说，不同的专业培养目标不同，相同课程在专业课程设置上的目标是不同的，其教学目标也是不同的，因而对教材内容的要求也有所不同。

二、会计类专业会计电算化教学目标探讨

根据会计电算化教学目标的相近程度，我们把六个专业分为三类进行会计电算化教学目标的探讨：会计电算化专业；会计学专业、财务管理专业和理财学专业；注册会计师专门化专业和审计专业。

（一）会计电算化专业会计电算化教学目标

会计电算化专业的学生不仅要掌握主流财务软件的操作，还要了解会计电算化的操作原理和过程，懂得会计信息系统的分析和设计，更重要的是会开发会计信息系统，能参与会计信息系统开发的全过程。因此，对于会计电算化专业来说，会计电算化是专业的核心课程，就是要在计算机知识、会计知识、软件、工程知识学习的基础上，主要教学目的就

是如何去分析和设计会计信息系统，要教会学生如何利用当代先进的管理思想和科学的系统开发设计理念进行会计信息系统的开发设计和维护。

（二）会计学专业、财务管理专业和理财学专业会计电算化教学目标

无论是会计学专业还是财务管理专业，专业培养目标都是培养出具有良好综合素质及较广泛的专业基础理论知识，具备会计业务基本能力和较强专业技能的高级财会和财务管理专门人才。

在这两个专业中，会计电算化这门课的定位仍然是一门会计专业课，是以会计为主要的教学导向，计算机教学处于相对次要的地位。主要教学目的绝不仅仅是要教会学生如何设计模块，编写程序，而是要让学生在把握当代先进管理思想的基础上，形成科学的会计信息系统设计理念，对电算化会计业务流程有一个完整的概念，此外还要熟悉相关的法律法规，能较熟练地操作与比较各个主流的会计软件。因此，会计电算化教学所涵盖的内容为：系统设计理念 + 计算机 + 会计知识 + 管理思想 + 会计软件应用。此外，因为会计学专业和财务管理学专业本科生大多并不具有良好扎实的计算机专业基础，因此会计电算化的教学要以系统开发设计原理为主，软件应用次之，程序开发最末。

（三）注册会计师专门化专业和审计学专业

这两个专业都是培养具有系统的审计理论知识，掌握较全面的审计实践规律，拥有基本的审计实践技能，熟悉有关经济法律法规，掌握宽广的经济管理知识，审计方面的高级复合型、应用型人才。

与专业培养目标相比，会计电算化课程设置目标和教学目标在这两个专业中极其相近，对于这两个专业来说，主要就是为开展审计工作和其他相关工作打基础。因此，对这两个专业来说会计电算化的教学目标就是主要从审计的角度出发，让学生理解会计信息系统开发的基本原理、总体结构和流程，了解中外主流财务软件中各系统的总体结构设计与功能，为以后的工作打下良好基础。另外，还要顺应信息时代的潮流，及时补充更新教学内容。

三、会计电算化教学目标的层次性

在确定专业教学目标后还应明确，在同一教学目标下，也可以将其划分为不同的层次，也就是说，会计电算化教学目标具有层次性。一方面，这是社会需求的需要；另一方面，也是学生个体发展的需要，学生的兴趣爱好不同，对会计和计算机知识的掌握程度不同，志向不同，从学生本身来说自己学习会计电算化有不同的目标。

对于会计学专业的本科大学生，根据社会需求、个体差异和教学目标，可以把他们培养成为几类电算化人才，其中包括系统分析、设计人员；系统维护、管理人员；系统操作、数据录入人员等。相应地，我们可以根据会计电算化课程的培养目标差异性，划分为初级操作人员、中级维护人员、高级设计人员三个培养层次。其中，初级操作人员阶段培养目

标主要应是培养学生对财务及相关软件的实践操作能力；中级维护人员阶段培养目标主要是培养会计电算化系统管理、系统维护人员；而高级设计人员阶段则主要是培养高级的系统分析、设计人员，以满足会计软件的开发研制等需求。高校应该根据教学目标，相应调整课程体系设置和教学内容。

总之，在会计类专业的会计电算化教学中，最重要的是根据专业培养目标确定课程设置目标，进而确定教学目标，但教学目标的确定并非解决了所有问题，它仅仅对教学内容、教学方法手段和师资队伍的配备等方面起到指导作用，会计类专业会计电算化教学的顺利实施要围绕教学目标来组织教学内容，确定合理的教学方法和手段，并配备相应的师资，这是在明确教学目标后要做的事情，只有这些做好了才能实现教学目标，二者相辅相成不可偏其一。

第六节　高职院校会计专业人才培养目标

市场对人才的需求正在发生变化，人才培养目标也是动态的。高职高专院校会计教学也应适应这一变化，不断深化教学改革。根据我国的具体情况，我国的高职高专教育培养目标应该是：不仅要培养学生成为适应市场需要的专业人才，而且要培养他们适应未来的综合素质。然而，市场对人才的需求是变化的，这也决定了高职培训的目标也是动态的。

一、高职高专培养目标的动态分析

（1）良好的职业道德、自律性和敬业精神是培养会计人才的首要目标。网络时代下，企业对财会人员的职业道德、自律性和敬业精神要求更高。财会人员要面对各种数据并对其进行处理，而这些数据都是反映企业财务状况和经营成果，具有实际价值的数据。因此，要求财会人员必须保证数据的合法安全，并具有良好的自律意识、法律意识和职业道德，保证自身不会危害企业经济信息的安全。职业道德是财会人员从事财务会计活动应遵循的行为准则，它要求财会人员应具有科学的世界观、人生观和价值观，具有健康的人格和社会责任感，有强烈的责任心、敬业精神及开拓进取的事业心和人生态度。

（2）掌握基本的专业知识是基于市场基本需求的会计人才培养目标。这是高职高专培养的基本目标，但是这一目标也是变动的。专业知识是会计人员素质的特质，是职业判断能力的基础，也是会计人员应具备的最起码的从业知识，主要包括会计基础、财务管理、相关行业的会计理论及管理会计和会计电算化等。会计电算化显得尤为重要，它是减轻会计工作量、提高会计工作效率的保证，也是会计信息化的前提。但专业知识也是变动的，例如，基础会计、财务会计等课程内容随着国家会计准则的变化而变化，再如，现在掌握的是会计电算化，属于电脑记账，随着会计信息化的普及，计算机信息技术方面的知识应该加强，会计电算化课要向会计信息化课转变等。

（3）提升会计人员的实践技能，是基于就业导向的会计人才培养目标。据近几年毕业生的招聘会可知，用人单位为追求效益最大化，首先考虑的是毕业生的实践技能，以便到单位就能胜任工作。这样用人单位就不需花费更多的培训费，毕业生就能为企业提供优质服务。

（4）不断提升的综合能力是培养会计人才的必要目标。主要体现在：观察能力、操作能力、学习能力、记忆能力、思维能力、管理能力、想象能力、交流能力、智力与人际关系等多方面相关知识。会计人员除了具有以上能力外，还要了解国际形势的变化，同时必须要熟悉国内会计法规及财政、税收、金融等相关知识，也要熟知其他国家或国际会计准则，这是会计人员提高职业判断能力的必要条件。因此综合能力也是变动的。

（5）不断提高的计算机水平是基于互联网的会计人才培养目标。随着会计信息技术普及，企业对会计人才使用计算机水平的要求不断提高。要求用信息技术进行账务核算分析、财务决策，提高工作效率，从而有利于实现企业利润最大化的目标。因此，会计人员必须具备熟练的计算机操作技能和掌握数据库、网络技术等一系列新技术、新知识，以提高自身的业务素质。特别是信息化条件下，网络技术的革命带来企业管理、营销方式、财务管理的革命，尤其是电子商务的出现直接影响了会计信息的处理和披露，同时也改变了人们的办公方式，财务软件向网络化、管理型发展，迫切需要会计人员掌握必要的网络和应用软件知识。由此可见，培养目标要体现现代信息技术知识和操作技能。

（6）不断加强的外语水平是基于经济全球化的会计人才培养目标。随着经济的全球化，企业对毕业生外语水平的要求日益提升。根据通常的习惯，作为沟通和交流的语言一般都是英语。在经济发展全球化的今天，商品交易日益国际化，充斥着大量外语的商业信函、重要合同文本、往来凭证等，支付手段也存在于国际交往之间，更何况在以英语为支撑语言而形成的网络时代，是否懂一点英语已成为衡量一名财会管理者是否合格的标准之一。

二、基于适应动态培养目标的高职高专院校会计教学改革

高职高专院校财会专业的教学是会计教育的重要组成部分，为适应市场对会计人才的变动要求，我们要深化高职高专院校会计教学的改革，培养能适应市场需求的高级实用型人才。

（1）根据培养目标的变动，经常调整高职高专会计教育课程设置。总体目标是培养能够适应市场需求，具有扎实的会计专业知识和广泛的相关知识及卓越的创新能力的管理会计人才。但是不同的经济时期其培养目标是有变动的。因此在课程设置上要适当调整，

如在当前的信息网络环境下，教学计划里应多安排有关计算机及会计信息化方面的课程；在经济逐步全球化的今天，应不断增加外语的开课力度等；为提高会计人员的综合能力，还应该多开设一些财经类相关课程，以扩大知识面，鼓励学生多参加一些有益的学校社团活动，以提升学生们的交际与实践技能等。

（2）注重在校大学生良好职业道德的培养及团队合作精神的塑造。在专业知识和综合能力及实践技能培养的基础上，要让良好的职业道德与团队合作充实大学生们的意识。体现在财会人员必须具有客观公正的态度，以客观事实为依据，实事求是，向信息使用者提供客观、真实、准确、可靠的会计信息，不可调节、隐瞒、遗漏，避免提供偏颇的信息，损害他人的利益。必须廉洁自律、坚持原则、秉公办事，不滥用职权，不利用职务之便谋取私利、贪污犯罪、营私舞弊。必须遵纪守法，依法履行职责，维护财经纪律，敢于抵制、纠正、揭露违法乱纪行为，保护国家和公众的利益。必须敬业爱岗，热爱本职工作，尽职尽责，加强管理，提高服务质量并与其他职员团结协作。

（3）自学能力的培养。教育大学生从业会计后应不断进行后续学习，以提升职场竞争力。就业后，还会面临失业、下岗等，不断地学习、进修可以使自己成为职场的胜利者。根据《会计法》规定从业会计每年都要参加当地财政部门组织的会计继续教育，会计证才能年检过关；财经法规及相关会计业务随着我国经济形势不断变化，从业会计应不断自修学习才能适应工作需求；工作中应不断积累经验，多向前辈学习、请教，来提高自身的综合业务素质；工作应孜孜以求，利用好业余时间不断自修会计资格考试的课程，条件成熟时要考取更高一级的会计技术资格；为进一步提高业务水平，可申请参加国家级大型会计培训或企业会计学术研讨会等。

（4）搞好校企联合，突出实践教学，使高职高专培养的大学生的实践技能强的优势显得更加凸显。在当前高校毕业生就业形势不乐观的前提下，应进一步强化实践技能课的开设，以进一步提升高职高专毕业生实践技能强的优势。在准确确立了职业规划和学习目标后，不但要注重课堂学习，掌握扎实的理论知识，还应注重会计实践课的学习，重点提高大学生的会计实践技能。各高校院系应采取多种措施来增加校企合作单位，以增加更多的会计实习岗位。

同时在制订教学计划时，应增加会计实践课的学时，随堂实习应规定不少于一定课时，综合实习要做到三结合，即手工和电算化同时进行之后，要带学生到企业顶岗实习；作为在校大学生，更要充分认识到提高自己实践技能的重要性，因此平时要多思考、多做课堂实习题，多到会计手工实验室和电算化试验室进行操作练习，利用好课堂试验与毕业综合会计实习，多做多练，并且利用寒暑假到企业顶岗实习，以提高实践技能，积累实践经验。

（5）考核方式。考评内容要全面，考评的范围要广泛，考评的方法要多样化，应该以用人单位为导向等。考试的目的不应是检查学生背多少、记多少，而应该是检查学生会用多少。如基础会计教学期末考试成绩可按作业 10%，实践课 30%，考勤 10%，期末试卷按 50%。

第三章　信息环境下高职高专会计教学研究

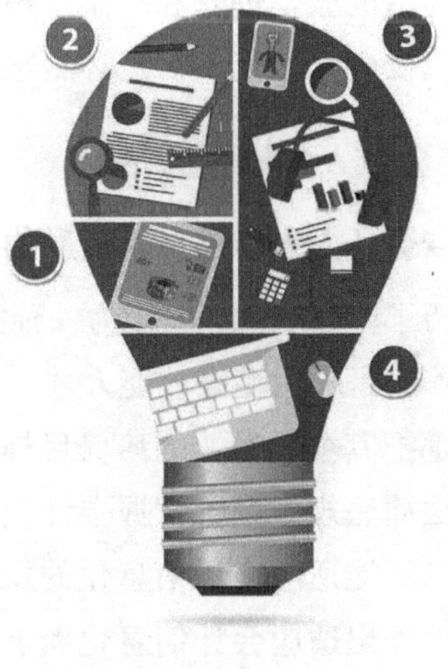

在信息时代背景下，高职高专院校作为专业人才培养重要基地，为社会输送更多优秀的会计人才，促进新时期会计事业的发展，显得尤为重要。在高职高专院校会计教育中，会计专业因其自身的特点而涉及广泛的领域。在实践教学中，要激发学生的学习兴趣，在兴趣的基础上，充分发挥学生的主观能动性，提高学生的学习积极性，进而提升他们的学习成效。加强信息时代视角下高职会计教育革新途径研究尤为必要，有助于为后续研究提供参考依据。从信息技术的角度看，高职院校会计专业教学改革应该适应时代的需要，提高学生的专业能力，同时培养学生良好的会计素养，以适应社会发展的需要。

第一节　信息环境下高职高专会计信息化的人才培养

在社会经济快速发展的背景下，会计信息化已经成为必然选择，同时也是现代化企业财务会计管理工作改革的重要组成部分，有助于为企业管理手段创新提供坚实的保障，促使管理理念创新、变革。

高职高专院校作为培养专业人才的重要教育基地，同时也是会计专业信息化人才培养的机构，为了能够在信息时代背景下向社会输送更多优秀会计人才，需要对高职高专会计教学实践进行创新和改革，运用前沿的教学理念和教学手段，优化人才培养模式。在信息时代背景下进一步加强高职高专院校会计教育革新是必然选择。

一、会计信息化对高职高专会计人才培养的影响

（一）会计信息化对高职高专会计人才培养目标的影响

我国高职高专的发展虽然经历了一段时间，但作为一种办学层次，既是一种学历教育，更应是一种职业教育，所以其培养的是应用型高技能人才。

目前绝大多数高职高专学校都把其会计专业的培养目标确定为“培养具有诚信、敬业的良好职业素质，熟悉国家经济法律法规，系统掌握会计理论与会计实务的应用型、高技能的专门人才”。这一培养目标已不能适应会计信息化的发展和企业对会计信息化人才的需求，按照这一培养目标，难以培养出适应会计信息化需求的会计人才。应将以往人才培养中重视不够甚至被忽视的会计信息化能力纳入人才培养目标之中，培养出合格的、适应市场需求的、能胜任会计信息化岗位的会计人才。

（二）会计信息化对高职高专会计实验设施和师资队伍的影响

目前，高职高专学校的会计专业实验设施有两类情形：一类学校有会计模拟和会计电算化实验室；一类学校是在第一种情形的基础上增建了 ERP、企业沙盘之类的信息化实验

室。前者从实验室的建设上是无法满足会计信息化教学需求的，此类学校需要加大相关实验室的建设力度；后者虽在实验室上似乎有了较大改善，但往往仿真性不足，实际教学案例缺乏，利用率较差，效果并不理想。并且有的学校在实验室建设上计算机加软件的做法更是使其实际效能大打折扣。另外，大部分学校声称自己有大量的校企合作校外实训基地，但事实上大部分这样的实训基地都停留在一纸协议或合同上，并没有或难以真正发挥其作用，这也极大地制约了学生会计信息化实践能力的锻炼和培养。

事实上，在会计信息化人才的培养中，企业厂商和高职高专学校各有所长。企业厂商积累的实务经验、市场能力和其所处的真实市场环境都是教育界望尘莫及的。对于软件厂商来说，会计信息化人才培养有赖于稳定、有序、成熟的育人机制，高职高专院校在这方面有着得天独厚的条件，双方开展富有成效的合作，无疑对会计信息化人才培养是大有裨益的。培养人才的关键是师资队伍，要真正保证高职高专会计专业教育培养目标得以实现的主体是教师。

为适应培养技能型、应用型人才的需要，教师既要具备专业理论水平，又要具备专业实践能力，既能从事理论教学，也能从事实践教学，具备“双师”素质。就各校师资队伍现状来看，无论从“双师”的数量和质量上来看，都不能很好地满足会计专业人才培养的需要。

虽然有一部分教师取得了一些资格证，谓之“双师”，但基本上是通过一些理论性的资格考试或认证获得的，往往缺乏企业经历和实践经验。有“证书”缺经验，具“资格”欠能力是各校“双师”应予以正视和面对的现状。即使这样，“双师”数量依然不足，不能很好地满足高职高专院校培养企业一线应用型高技能适应会计信息化的会计人才需求。可以通过两条途径来有效改善这种状况：一是送出去，把教师送到企业相应岗位去历练，积累实践经验，提高教师本身的专业实践技能；二是请进来，学校应从企事业单位聘请在一线工作的财务经理、财务主管、财务总监等会计方面的专家担任兼职教师，指导学生进行实际操作训练，提高技能水平。

（三）会计信息化对高职高专会计课程设置的影响

目前，各学校会计专业在会计信息化方面的课程建设主要体现在开设会计电算化（事实上，会计电算化不等同于会计信息化），而且在会计电算化的授课中又主要倾向于各种会计核算软件的操作使用，导致了会计电算化课程实际上成了会计核算软件操作课程，会计电算化教材成了会计核算软件操作说明手册。这样的课程设置最终导致学生应变能力差和创新能力缺乏，很难适应会计信息化岗位的要求。

各学校一方面应改变原有的会计电算化课程的内容侧重，加强会计电算化原理的内容，同时对软件的介绍应以通用模块的功能与操作介绍为主，避免软件操作部分的手册化。应对会计专业的学生开设会计信息系统、会计信息化（如 ERP）、企业沙盘等相关课程，并适当开设网络技术、数据库技术等课程，从而帮助会计专业的学生提升会计信息化能力。

（四）会计信息化对高职高专会计人才基本职业素养和职业能力要求的影响

在传统的高职高专会计专业能力培养中，主要以理论知识必须精通、专业技能扎实过硬、获取相应职业资格等为能力培养的要求。然而在实际中，学生在完成了相应学分，取得了会计电算化证、会计从业资格证甚至助理会计师资格证后，却很难胜任其企业会计信息化的职位。

其根本原因是这些学生会计信息化的能力缺乏。虽然大多都经过了会计电算化的培训，也通过了财政部门组织的会计电算化证的考试，但实际上，会计电算化不是会计信息化，就算是财政部门的会计电算化证考试也有过时与走过场之嫌（有的是考什么就培训什么，更有甚者交钱就可过关）。这样的会计电算化能力培养如何能够满足会计信息化岗位工作的要求？传统的会计职业能力已不适应会计信息化的能力需求，因此，有必要对会计人才的会计信息化能力提出相应的要求。

（五）会计信息化对高职高专会计考核形式和认证体系的影响

采用无纸化考试形式，由计算机考试系统自动从试题库中抽取考题、评判考试成绩，建立公正、客观、有效的课程考试体系是会计信息化考核形式的发展方向。同时还应改变重理论考试、轻实践能力考试，重考试分数、轻学习过程鉴定的现状，加大实践能力考试比重，强化学习过程鉴定。

在会计信息化认证体系方面，从市场需求和学生就业的角度出发，在招聘会计人员和其他相关人员时，各单位均对其会计信息化能力提出了一定的要求。会计信息能力强的学生在未来的会计专业人才市场具有较强的就业竞争力。因此会计信息化的认证考核就显得尤为必要。

目前，我国诸如用友、金蝶、金算盘等厂商都开展了相关的认证考核，但其权威性和公认性还有待加强。各学校可与厂商进行全方位合作，厂商授权院校成立诸如“某某软件授权认证培训中心”的机构部门，为院校提供最大力度的支持。这样一来可以提高其认证的权威性和公认性；二来可以为厂商培训大量的潜在客户；三来可以帮助院校培养出能适应企业会计信息化要求的学生。院校也可借此机会建立起符合本校的会计信息化人才培养规律与培养模式，最终达到“课程考试”与“认证考试”合二为一的目标，实现学校与企业厂商的双赢。

（六）会计信息化对高职高专会计教学的影响

目前，会计专业的教学大多还局限于黑板加粉笔的模式，有的学校虽然大量使用了多媒体教学，但却主要是放幻灯片，并且理论教学和实践教学还被硬生生地撕成两张皮，没有进行有机融合。这样的教学不符合会计信息化对人才和能力的要求。各学校应大胆地“走出去、引进来”，追求课堂教学与社会实际的紧密结合，在课堂教学中，引入企业实际的会计信息化和管理的实务案例，并与国内知名的财务会计和管理软件厂商密切接触，大胆引进品牌知名度较高的财务及企业管理软件作为教学软件，探索出校企合作的会计专业教学体系新模式。多媒体教学应在配有学生机的多媒体教室授课，努力挖掘学生的能力空间，形成良性的、互动式的、思想活跃的课堂教学氛围。

会计是一种特殊的职业，是知识密集型、技术密集型的行业，要求从业人员具备较高的素质。高职高专会计专业作为培养应用型高技能会计人才的职业院校，在会计信息化大发展的今天，应积极主动顺应会计信息化的发展趋势，适应并满足市场对会计人才会计信息化能力的要求，明确培养目标，改革课程体系，采用灵活多样的教学形式、教学方法、教学手段，建立并运用有效的能力考核认证标准与方式，从而培养出适应市场需求的、具有较强会计信息化能力的应用型高技能会计专门人才。

二、会计信息化视角下高职高专会计人才培养策略

（一）明确高职高专会计人才的培养目标

在培养会计人才的过程中，出现了严重的供给断层现象。如果想要解决这一问题，那么高职高专院校就应明确教学目标，站在企业角度来对会计信息化高端人才进行培养，所以人才定位必须具备准确性与可靠性。具体来说，高职高专院校需要对教学目标进行确立，然后在此基础上有效指引学生的职业生涯规划。由于不同的高职高专院校在人才培养能力方面存在着相对较大的差别，那么这就要求高职高专院校应从自身特点出发，从而确定出合适的培养目标。目前形势下，把会计信息化人才需求作为重要参考依据，会计信息化人才具体包括技术人才与操作人才及管理人才这三大类。高职高专院校在进行考量时必须参考这三大层次，保证人才培养目标的准确性，根据自身的实际情况培养出优秀的学生。

（二）灵活设置会计专业课程体系

会计信息化人才除了必须具备扎实的基础知识之外，而且还要具备相对来说比较高的实践能力，因此，高职高专会计专业教师在进行教学时应围绕这一中心，设置课程体系，与此同时还需要改变传统的课程界限，然后重新对课程进行设计并对课程组合进行优化。设置会计专业课程体系时要使其严谨性真正地得到保障，应把学科体系的基础设置为财务会计与基础会计及成本会计等，应把主干课程设置为计算机管理与会计电算化等，经过给学生们开展模拟实验，从而有针对性地对学生们进行培养。与此同时，高职高专院校在设置会计专业课程体系的过程中可以对教学模式与培养模式进行改革，比如跨专业培养，实行双专业与双学位等模式，这样就能使高职高专院校学生知识范围的拓展从根本上得到实现。

（三）优化高职高专会计专业师资队伍结构

从高职高专院校角度来说，其主要任务就是对人才进行培养，中心工作就是教学，高职高专院校教学水平的高低和教师有着直接密切的联系。现阶段，高职高专会计专业教师应深刻认识到信息技术在培养会计学人才的一系列过程中所起到的重要作用，这就需要进一步提高会计专业教师队伍素质。具体应该做到以下几个方面。

第一，提升教师自身因素。会计专业教师自身应不断地学习，然后在此基础上进行更新自身的知识结构，只有这样教师才能具备充实的知识，最终使所培养出来的学生具有扎实的基础。

第二，充分利用外部环境因素。高职高专院校应提高对于教师培训的重视程度，对教师的实践能力不断地进行提高，然后积极鼓励教师深入企业第一线来完成课题实践，真正地提高教师的教学水平。

第三，组建优秀的兼职教师队伍。在这当中包括企业技术骨干与行业专家等，通过采用实践指导与承担课程教学的方法在很大程度上拓宽了教师与学生的视野，从而对于进一步优化师资队伍结构具有极其重要的意义。

（四）创新高职高专会计专业教学手段

在高职高专会计专业教学中，传统的教学手段较为单一。到目前为止，仍有许多高职高专院校选择填鸭式教学方法，教师为课堂主体，学生的学习主动性受到严重影响，只能被动式学习。从长远来看，学生的学习兴趣将逐渐丧失，会计专业教学成效下降，严重影响到学生的未来发展。

基于此，高职高专院校在会计专业教学改革中，应该注重在传统教学手段基础上进一步创新，突出学生的课堂教学主体地位，以培养学生的会计专业素养和就业能力为主，应用任务教学法、合作教学法及实践教学法，利用现代化信息设备，激发学生对会计专业知识学习的兴趣，积极参与到学习中，提升教学成效。同时，在运用多媒体教学手段时，应该尽可能地结合实例进行分析，边讲边练，营造良好的教学氛围，加强师生之间的互动和沟通，促使学生在愉快的学习氛围中更有效地开展学习活动，激发学生的学习积极性，提升教学效果。

教学活动不应该局限于知识的讲解，而应该加强学生专业能力的实践训练，组织会计项目训练，模拟现场情境，根据生动的现场案例来培养学生的专业实践能力，将所学知识灵活运用到实践中。同时，在教学过程中教师应维持好课堂秩序，了解学生的学习情况，帮助学生加深对专业知识的理解和记忆，养成良好的会计信息化素养，从而有效地完成教学任务。

（五）建立完善的高职高专专业实践教学体系

高职高专会计课程教育主要是服务于企业，为了满足企业会计核算工作的需求而存在，这就需要高职高专院校在培养专业会计人才时，突出职业教育特点，加强实践教学，帮助学生更深刻地理解和记忆自身所学知识，为后续就业打下坚实的基础。在此目标下，高职高专院校应该设置多层次的实践教学体系，加强理论和实践之间的联系，促进学生综合素质的全面发展。

总之，高职高专院校要想提高会计专业学生的综合能力，就应当在培养模式的探索中采取多管齐下的方法，在提高学生的业务能力与社会适应能力的同时，还应提高学校的输出人才能力，向社会输送更多更优秀的人才。

第二节 信息环境下高职高专会计电算化教学研究

现代化信息技术的发展对高职高专会计电算化的教育产生了巨大的影响，要求教师能够采用新的教学模式，切实提高学生的实践学习能力和电算化系统操作能力。

一、现代信息技术对高职高专会计电算化课程教学改革的意义

会计电算化在现代企业财务会计管理中得到了广泛的应用，有效地提高了会计工作的效率和质量。从会计电算化的应用发展情况来看，为了培养更多专业的会计电算化人才，各高职高专院校必须加强对会计电算化教育的重视，确保会计电算化教学的有效性。

（一）现代信息技术有利于提高高职高专会计电算化课程教学效率

现代信息技术在会计电算化课程教学中的应用使知识的呈现更加多样化，学生可以更加直观地认知、理解和掌握专业知识及专业技能；学生获取知识和掌握技能的形式也变得多种多样。现代信息技术所独有的交互功能可以实现师生之间的相互交流，使教师及时掌握学生的学习情况、解答学生学习过程中的疑难问题，并为学生改进学习提出建议。这些都改变了常规教学形式和教学方法，提高了教学效率。

（二）现代信息技术有利于提高高职高专会计电算化实训教学效果

会计电算化是一门技能课程，技能课的实训在仿真或真实的环境中进行才能取得良好效果。现代信息技术在会计电算化实训中的应用，可以为学生创造仿真的实训环境，使学生感受真实的企业会计工作氛围，了解会计电算化程序，从而大大缩短了课堂与职业岗位的差距。而且，基于现代信息技术的丰富学习资源能满足学生反复训练的需要，达到熟能生巧的目的。这就保证和提高了实训教学效果。

（三）现代信息技术能使高职高专教学兼顾全体学生

高职高专学生的特点是学生个体的学习素质和学习能力有很大的差异，常规的教学模式很难兼顾到每一个学生，学习有困难的学生往往因为跟不上教学进度或遇到问题而放弃学习。信息化教学手段的运用，比如微课、线上学习、线上答疑等，能够随时解决不同学生学习过程中遇到的问题和困难，实现学生学习的个性化。学生在课堂上学不会的知识可以在课后利用网络学习平台继续学习，线上学习和线下学习相结合，课上学习和课下学习相结合，更能满足每一个学生的学习需求。

（四）现代信息技术有利于培养学生的职业素养

随着现代信息技术的飞速发展及其在企业管理中的广泛应用，使得企业会计业务与其他业务高度集成，会计工作成为企业的必然选择，且越来越复杂。在信息社会，会计从业人员需要具备较高的学习和应用现代信息技术的能力。适应信息化发展对会计从业人员的新要求，高职院校应注重培养学生的信息素养，使之将来能够熟练地利用现代信息技术收集、分析会计信息并进行科学决策。

高职高专会计电算化课程运用现代信息技术进行教学，更有利于培养学生的信息素养，使学生成为信息化社会需要的合格财会人员。

二、高职高专会计电算化教学革新策略

（一）加强对高职高专会计电算化的教学重视

在信息时代，高职高专教师必须重视会计电算化教育，采取有效的教学方法来促进会计电算化教学，促进学生在专业知识和实践操作方面的共同发展，并提高学生的创新能力、自主学习能力等。这就要求教师在教学中能够加强对学生的实践操作训练，以实现学生专业技能的提高，推动学生未来的就业发展，将学生培养成为优秀的实用型人才。

（二）合理设置高职高专会计电算化教学课程

现代信息技术对会计电算化教学的影响要求高职高专院校在进行课程设置时能够加大会计电算化实践课程的比重，加强对学生的实践训练，让学生在实际的训练中学习基础知识，实现学生实践能力的提高。例如，高职高专院校可以为学生开设会计电算化实训课程，布置一定的实习训练任务，让学生可以到企业中进行实际的实习训练，这样可以帮助学生更好地了解当前社会对会计电算化人才的要求，促进学生的职业发展。

（三）创新高职高专会计电算化教学方法

在高职高专会计电算化教学实践中，教师也必须创新相应的教学方法，以提高学生的学习兴趣，促进学生实践能力的发展。例如，教师可以采用小组合作教学法，让学生以小组为单位进行任务探讨和实践训练。这样，学生就能在相互讨论和实际操作训练中掌握更

多关于会计电算化知识，有助于提高学生的学习效率和质量。除此之外，教师还可以采用情景模拟教学法、项目探究法等进行教学，均能较好地提高学生的电算化系统操作能力，提高教学的有效性。

现代信息技术的大力发展进一步扩大了会计电算化的应用，要求我国高职高专院校教师能够加强对会计电算化教育的重视，提高学生的实践操作能力。然而，目前我国高职高专院校会计电算化教学中还存在较多的问题，如教师对学生实践能力培养的重视程度不足、教学方法落后等，严重制约了会计电算化教学的有效性。因此，信息时代要求高职高专教师能够创新教学方法，切实提高会计电算化教学的有效性，促进学生的全面发展。

（四）高职高专会计电算化教学评价的改革

根据高职高专会计电算化教学模式和教学方法的变化，对高职高专会计电算化教学评价也进行了改革，突出过程性评价，评价主体既包括教师也包括学习小组，评价方式分为课前测试、课堂提问、课堂实操、实训记录等多种形式，体现了评价的多样化、多元化。例如，在"编制会计报表"教学中，各个学习小组的组长对本组成员从设置格式、公式、生成数据、实践演练、合作能力等方面进行评价，而教师则从课堂提问、软件实操、货币资金表的完成情况、实训记录等方面对各学习小组进行综合评价，成绩汇总后教师客观分析学生的学习行为，给予优胜组奖励。现代信息技术使得师生间的交互性评价很容易实现，教师可以随时了解学生学习动态，及时有效地进行教学反馈。

（五）高职高专会计电算化教学资源库的建设

基于现代信息技术开展高职高专会计电算化教学改革，必须有庞大的教学资源库作支撑。高职高专会计电算化课程教学资源库建设分为两部分：一是课程资源建设，二是开放的网络学习平台建设。

（1）高职高专会计电算化课程资源建设

会计电算化教研室根据课程教学改革的需要，设计制作了一整套多媒体教学课件，包括 3D 仿真、PPT 课件、图片、视频、音频等，在课堂教学中组合使用，使课程直观生动，更易激发学生的学习兴趣。为解决学生在学习和实训中出现的不同疑难点，教师录制了 300 多个微课视频，学生利用网络学习平台可随时随地观看学习。同时，基于安卓系统开发了一款会计电算化软件"用友函数学习"手机 App，该软件可以查询用友软件的函数名称、公式格式和函数使用说明等信息。学生可在操作用友财务软件时用手机或平板电脑随时查询学习所需的函数知识，较好地解决了用友函数难理解、难记忆的难题。

（2）高职高专会计电算化开放的网络学习平台建设

会计电算化教研室对原会计电算化省级精品课程网站进行升级改造，进一步丰富了教学资源，将所有教案、课件、微课、习题、试题、会计资格考试指导、课堂教学录像及相关企业信息、3D 仿真情境等内容上传到学院大规模在线课程开放平台，建成了开放式的会计电算化课程网络学习平台。

学生登录网络学习平台，可以很方便地进行课前、课后自主学习，而且还可在平台上与教师和同学进行互动、讨论交流问题，教师也可以为学生提供网上答疑、在线测试。

信息化教学环境和手段解决了会计电算化课程常规教学方式下教师难指导、学生难练习、操作易失误等难题，从教学效果来看，学生的操作技能和职业能力有了明显的提高。会计从业资格证通过率由 2012 年的 65% 提高到 2015 年的 92%。

当然，这种新的教学模式还需要进一步完善。一方面，拥有丰富的教学资源库是实施该教学模式的前提条件，这需要教师花费大量的时间和精力来制作各相关知识点的网络教学资源。另一方面，在任务驱动下，怎样持续激发学生的学习内在动力，使以学生为中心的课堂更为有效，也需进一步研究和探讨。

第三节　基于企业需求的高职高专会计电算化教学改革研究

随着社会经济的快速发展，市场竞争日趋激烈，企业要生存与发展，必须通过信息化工具提升企业的管理水平，以应对快速的市场变化，提升企业竞争力。这就对人才的培养提出了新的要求，因此高职高专会计电算化的教学如何适应企业的需求已成为亟待解决的问题。

一、高职高专会计电算化教学的现状及问题

会计电算化是一种以电子计算机作为载体的会计信息系统，其实质是在会计实务中应用电子计算机技术和信息技术。该系统的应用实现了数据的自动化处理及对搜集到的数据进行高效分析。与财务会计、成本会计、财务管理等其他财会类课程相比，会计电算化最大的差别在于该课程更加强调学生要深入理解相关财务软件的应用及熟练掌握其使用方法。会计电算化的课程内容主要是在信息系统中对财务会计课程中的业务进行账务处理。

通过这一分析，我们可以认识到，会计电算化实际上是一门理论与实践相结合的课程，事实上它更注重实践；学生在学习的过程中，不仅仅要学习各个系统的操作方法，还要深刻理解各个系统之间的关联关系。基于此，我们发现现今的会计电算化课程教学中存在以下的局限。

（一）高职高专会计电算化教学目标不明确

教学目标是指通过实施一系列的教学活动而要达成的预期教学效果，既是所有教学活动的起点，更是最终的归宿。所以，对于教学活动的设计，首要环节就是确立准确合理的教学目标。而在现实中，高职高专院校对于会计电算化课程的教学目标定位不清晰，未能使教学目标适应现代企业的真实情况，切合市场需求。

绝大多数高职高专院校对于会计电算化课程教学目标的定位还停留在电算化早期发展阶段，在教学大纲或课程标准中明确该课程的教学目标在于培养学生掌握通用财务软件的操作技能，教学重点在于财务软件操作，更多地强调相对于手工核算而言会计电算化所具备的效率优势。

然而从用工企业反馈的情况来看，该教学目标存在如下问题，导致学生能力不足。

（1）会使用的财务软件单一，对于学校未教授过的财务软件缺乏融会贯通能力。

（2）财务软件运行出现异常情况时，缺乏动手解决问题的能力。

（3）对会计电算化信息系统的知识掌握不足，缺乏系统维护能力。

现代网络技术的不断发展、信息技术的不断提高，使得会计电算化的发展也步入了新阶段，加快进入网络化、信息化时代；已从原先的以“核算型”为主的财务软件发展成为以会计电算化系统为核心，整合会计核算功能、财务决策支持功能、企业经营管理功能等对企业的物流、资金流和信息流进行一体化管理的 ERP 系统，即功能多样、结构复杂的企业信息管理系统。因此，需要改变过去以“核算型”为中心的教学目标，重新定位。

（二）高职高专会计电算化课程设置不合理

课程设置是指设立并安排特定专业的所学课程内容，即专业课程计划，集中体现了学校对于该专业学生的培养目标。会计电算化课程不仅仅是一门实践性课程，更是将会计学、管理学、财政学及信息技术融为一体的交叉性学科。因此，该课程的教学是在已开设上述课程的基础上设立的，其目的一方面巩固上述课程的教学内容，另一方面着重培养学生系统操作能力，掌握新技能以提高学生的动手操作能力。

经统计发现，当前高职高专院校对于会计电算化课程的设置有不合理之处，表现如下。

（1）会计电算化课程设置的时间不充裕，占整个专业课程的比例过低；一般高职高专院校仅设立一门会计电算化课程，加上时间限制，导致学生学习内容不全面，只接触了账务处理操作系统和会计报表操作系统，对于财会的其他核算模块如固定资产模块、工资处理模块、应收应付系统模块及购销存系统模块知之甚少。

（2）由于学校教授专业知识时采用的是相关的会计知识独立授课方式，使得各种专业课程之间缺乏关联性。在现阶段教学过程中，学生只有在学习会计电算化课程时才接触、了解和使用 ERP 软件的相关会计知识部分。由于 ERP 软件的会计模块融合了会计各门课程的基本内容和基本技能，知识体系庞大，单一会计电算化课程根本无法使学生熟练掌握

ERP 中全部的会计功能。另外考虑到会计证考试的时间性，会计电算化课程一般开设时间较早，学生只学习了最基本的财务会计知识就开始学习电算化课程，使得学生在学习过程中孤立地接受基本操作知识学习，而缺乏对系统的全面学习，难以理解 ERP 系统的整体性。

（三）高职高专会计电算化教学内容单一

教学内容是指为实现教学目标而形成的动态材料，是教与学共同作用的对象，综合反映了学校教授学生理论知识与实践能力的素材信息。

当今社会，随着信息技术与网络技术的迅猛发展及企业对会计管理要求的不断提高，财会软件由以核算功能为主的单一系统软件不断发展为以网络为基础的多功能综合系统的 ERP 软件。与此不同的是，高职高专院校对于会计电算化课程的教学内容却未能及时更新，不能紧跟信息技术时代发展的步伐。一方面，仅限于教会学生如何在财务软件中进行记账、算账、报账方面的简单操作，没有对 ERP 系统在企业经营管理中发挥的作用进行系统讲解，从而影响学生的就业，不利于其今后的发展；另一方面，高职高专院校会计电算化课程的教学未能利用互联网，使得教学内容仍停留在单机系统体系；同时受资金条件制约，为节约成本，学校的教学财务软件还比较单一，未购买和使用 ERP 系统，这无疑影响着学生对先进财务软件的学习和操作；而且在教学过程中忽视对基本理论的系统全面讲解，将教学重点放在现行主流软件的操作教学上，这就导致学生无法全面系统地认识会计信息系统，对各个子系统之间的勾稽关系更是了解甚少，无法整体地应用会计信息系统，进而导致学生在实际工作中操作困难，上手较慢；如果企业使用的是非主流软件，学生更加不能胜任相关工作，出现束手无策的情况。

（四）高职高专会计电算化师资队伍不完善

ERP 会计信息系统不仅涵盖的知识内容广泛，而且实践操作性较强，这对于教授 ERP 会计信息系统的教师也提出了不同要求。

（1）教师需要具备丰富的理论知识，掌握会计、税务、信息技术等多方面理论。

（2）教师需要具备极强的动手能力，掌握系统软件的实践操作能力并对系统进行维护管理的能力。

在目前的高职高专院校中，从事会计电算化课程教学的教师主要包括两种：一种是从高校毕业后立即投入高职高专院校教育工作的具备信息管理或会计专业背景的教师，他们理论功底扎实，深入理解 ERP 系统知识，却没有会计实务经验和社会实践经验；另一种是社会实战工作人员，他们往往来自一线，实战经验丰富，对于 ERP 系统的操作娴熟，却往往缺少对于 ERP 系统等知识的系统性学习，理论有所不足。

会计电算化课程是一门交叉性学科，实践性与综合性均较强，只有高素质复合型专业教师才能胜任该课程的教学，不仅需要教师具备丰富的理论知识，更要具备较强的实践经验，很明显，当前师资力量的相对落后导致教学质量难以提高。欠缺理论功底扎实、实践经验丰富的高素质教师；而且高职高专院校的教师往往既缺少丰富的实践经验，又限于精力的限制，不能及时更新会计理论知识，这些都会严重影响高职院校教学质量的提升。因为种种现实原因，教师无法及时掌握企业 ERP 的最新动态，更不能紧密结合市场，培养出符合市场需求的专业人才，最终导致学生走入职场的竞争力大大降低。

二、面向企业需求实施高职高专会计电算化教学改革

针对上述问题，我们对高职高专会计电算化教学模式进行了积极的探索，从以下几个方面试行了改革。

（一）重新定位教学目标

高职高专院校会计电算化课程的教学目标应分为两个层次，即基本层次和扩展层次，以便适应不同企业和岗位的需求。

基本层次的目标为：通过较全面地讲授会计电算化在企业会计实务工作中各种经济业务的处理方法，使学生学会如何操作一些简单的财务软件，为将来使用和维护会计软件、用计算机处理企业会计实务中的实际问题打下初步基础。

扩展层次的目标为：以会计电算化信息系统操作能力为基础，以系统管理能力和日常维护能力为主导，讲授计算机会计信息系统的基本原理、技术与开发方法，以学生自学能力为核心培养会计信息化综合的能力。

相应的教学内容安排是会计软件的基本操作、会计信息系统的运行和维护、会计信息系统开发的基本方法和步骤、不同商品化会计软件的操作比较、作业设计、实训教学等内容。通过实训可以使学生的电算化操作能力、解决问题能力、知识综合运用能力、团队意识和创新精神等均得到了较大的提升。

（二）采用多样化的教学手段和方法

在教学手段方面，可以采用实训室和多媒体课件。在实训室中，借助于计算机、网络设备、多媒体教学软件、音像系统等多媒体设备，在常规的课堂教学方式的基础上引入图形、声音、动画、视频等多媒体，对学生进行知识点讲授、实务操作演示、案例分析等。在实训室中，教师和每个学生各拥有一台电脑，教师利用教师机通过多媒体设备及计算机系统软件、多媒体教学软件等，可以控制学生机（如广播教学、学生演示、屏幕监视、分组教学、文件分发、作业提交、视频直播、远程命令等），学生机可以进行电子举手、自动接收文件等。利用多媒体教学软件控制教学活动，教学更直观、高效、准确，有利于改变传统的单调枯燥的语言叙述的教学过程，引导学生积极思考，提高学生学习兴趣，减少教师的重复劳动，使教师腾出更多的时间去从事学生的辅导工作。

在会计电算化教学方法方面，可以采用讲授法、演示法、实验法等多种方法。讲授法主要是由教师给学生讲解课程知识点。演示法主要是教师通过计算机将会计软件操作方法演示给学生。实验法主要是学生通过上机实验的方法学习和把握会计软件的操作方法。

（三）完善实训内容，将实训内容与会计实务课程进行有机结合

可使用一些先进的实训教学方法，如案例教学法、逆向思维教学法等。案例教学法是在学生学习和掌握了一定理论知识的基础上，通过分析案例让学生把所学的理论知识运用到实践活动中，达到让学生深刻理解和掌握知识的一种教学方法。逆向思维教学法是指在会计电算化教学中，会计软件的常规操作顺序是沿着“账务系统初始化——凭证处理——账簿处理——报表系统初始化——报表编制”等业务流程处理会计业务，但在运行会计软件时经常遇到这样或那样的错误，如完成资产负债表编制后发现报表不平衡，分析其不平衡原因按照会计软件常规操作顺序的相反方向（即“报表系统是否错误——账簿处理是否错误——凭证处理是否错误——账务系统初始化是否错误”）逐一分析和检查，直至找到原因并加以解决。逆向思维教学法是掌握解决会计软件运行中出现的系列问题的方法和思路，是培养和提高学生分析和解决问题能力的有效方法。

随着会计从业资格考试无纸化时代的到来，在会计电算化与会计实务课程结合的问题上，高职高专院校应积极进行探索、努力创新，利用每周的教研活动时间寻求基础会计、财务会计与会计电算化课程的结合点，积极筹备资料，编写一套能较全面覆盖企业会计实务中各项经济业务的会计电算化实训案例。

（四）改变现行的高职高专会计电算化教育管理体制

加强会计电算化师资培训力度，鼓励会计电算化教师到企业挂职，考察了解会计电算化软件在企业中的实际应用情况，通过挂职研修，教师再将一些新的管理理念技术和社会实际需求融入会计电算化教学中去；对会计专业课教师开展会计电算化课程的培训；对于主讲会计电算化课程的教师要同时讲授基础会计或财务会计，以便熟悉企业会计实务中的各项经济业务。

要以市场需求为导向，改革考核评价制度，考核方式多样化，采用案例分析、实际操作考核、证书考试等考试方式。学生在学习会计电算化课程后，可直接参加当地财政局组织的“会计电算化初级”考试，成绩合格可取得相应的证书。相关证书的考取为学生就业积累了条件，使学生真正做到双证书毕业。该课程的期末考试采用案例分析和实际操作相结合的方法，改变了传统的单一闭卷笔试考核形式。

综上所述，在信息技术高速发展的今天，高职高专会计电算化的教学要跟上企业信息化发展的步伐，必须及时转变教学观念，调整教学内容，充分运用现代化教学手段，最大限度地调动学生的主观能动性，培养具有创新能力的高素质的复合型会计电算化人才，从而适应企业的需要。

第四节　ERP 环境下高职会计电算化教学改革研究

ERP 即企业资源计划，其本质为会计信息化管理系统。在当前全球经济形势下，绝大多数企业均采用该系统进行管理，已成为主流。其是建立在信息技术基础上，以系统化的管理思想，为企业决策层及员工提供决策运行手段的管理平台。简而言之，ERP 是全面整合企业包括物流、资金流、信息流等在内的所有资源，从而实现一体化管理的信息系统。ERP 的主要宗旨是利用信息网络改变企业现有相对封闭的状况，最终实现全方位开放。信息技术的使用能够为企业提供有关库存、资金周转、生产效率、成本、客户服务水平等方面的充分信息，以最大化地利用企业包括人力、时间、资金、方法、物料、设备等在内的各方面资源。

一、ERP 环境下高职会计电算化教育改革的必要性分析

（一）基于 ERP 的高职会计电算化教育环境分析

（1）信息化对高职会计电算化教育产生的影响

21 世纪，以纳米技术、基因技术和信息技术为核心的高科技技术革命正在推动人类进入一个新的文明时代，而信息技术是其中最重要的推动力量之一，信息技术全面渗透到人类社会的各个方面，信息化成为世界经济和社会发展的大趋势，不久的将来，我们必然会生活在一个信息技术无所不在的社会。

IT 技术正在改变着会计这一职业的传统，并且重新定义会计工作，同时，各种管理新思想和新技术的出现也在改变着会计管理的内容和会计人员的工作。

已故我国著名会计学家杨纪琬曾预言：“在 IT 环境下，会计学作为一门独立的学科将逐步向边缘学科转化。会计学作为管理学的分支，其内容将不断地扩大、延伸，其独立性相对地缩小，而更体现出它与其他经济管理学科相互依赖、相互渗透、相互支持、相互影响、相互制约的关系。”种种迹象表明，企业（组织）会计人员的工作正在由会计核算转向为组织的经营管理提供更专业化、更有效的咨询服务，以及提供高质量的会计信息。今天会计学面临的挑战是日益增长的信息需求的多样性，已经完全超出了传统会计学界定的范围，也远远超出了传统会计信息系统的目标和功能。为了使会计工作能更多地为组织创造价值，会计职业人员的职责及会计信息系统的目标和体系结构应赋予新的内容。

在这一背景下，目前高职会计电算化专业的学生在学习工业时代会计种种沿革的同时，

更需要获得信息时代会计人员应具有的知识和技能。他们不仅要熟悉手工会计系统，更要掌握会计电算化系统，并且了解组织中管理者的需要。

（2）ERP 对高职会计电算化教育产生的影响

随着信息技术和经济一体化的飞速发展，自从 1981 年沈阳第一机床厂从国外引进第一套 MRP Ⅱ 软件以来，在中国从 MRP Ⅱ 到 ERP 的应用，经历了二十多年的风风雨雨，我国目前已有很多企业购买或使用了 MRP Ⅱ / ERP 软件。

21 世纪以来，以 ERP 为工具的管理现代化浪潮正席卷而来。随着中央提出“以信息化带动工业化”战略，我国企业管理信息化发展步伐明显加快。特别是科技部提出了“制造业信息化工程”、经贸委提出了“企业信息化”行动，带动和掀起了我国企业应用 ERP 的高潮。

ERP 的广泛应用给会计电算化教育带来了新变化。

1）ERP 的广泛应用对会计人员提出了新的要求。会计人员不仅要熟悉会计领域的理论和方法，掌握金融、税收、投资、法律、管理等相关方面的知识，还必须具备必要的计算机专业知识，掌握会计电算化和 ERP 的相关知识和各项操作管理技能。

2）ERP 软件应用导致会计业务与企业其他业务高度集成。ERP 软件是企业管理理论和信息技术相结合的产物。它不仅将会计的各项职能，如会计核算、会计控制、会计监督等职能通过软件模块加以集成，更是将会计业务与企业其他业务集成，这就是数据全局性观念，突破了原有的各业务部门各自为政的局限性。

3）ERP 的应用使得会计工作的内容及程序更加复杂，会计教育应注重对会计人员职业能力的培养，注重学习掌握先进的会计电算化技术，使他们有能力通过有力的会计工具、有效的工作方式收集、提炼、分析有用的会计信息，在复杂的工作环境中做出有效的决策。

ERP 将成为企业提升管理的重要途径，随着计算机技术的不断发展，ERP 思想会越来越多地融入企业的经营管理中。ERP 本身作为一种管理平台和管理工具也将发挥更大的作用。要想让 ERP 在以后的发展中取得更大成功关键在于人才，所以作为高职会计电算化教育应该适应时代发展和需要，应注重适应信息化时代对会计职业提出的新要求（这既包含新的职业范围，也包括新的会计信息技术的应用），适时调整教育目标和教育方法，为社会培养适销对路的会计电算化人才。

（二）ERP 是会计电算化发展的必然趋势

20 世纪后半叶，伴随着计算机和信息技术的高速发展与普及，会计电算化在我国取得了长足发展。相对发达国家而言，我国的会计电算化虽然起步较晚，但其发展速度却相当迅速，会计电算化的应用已经从“贵族”到大众化。纵观我国会计电算化的发展，正在从“各自为政”的状态向“统一规划、统一领导”的方向转化；会计核算软件正从分散的“闭门造车”式的开发，向建立完善的会计核算软件商品市场的方向转化；并向建立会计信息中心，实现“数出一门，资料共享”方面转化。我国会计电算化工作取得的成绩是巨大的，但为了使其更好地服务于国家、企事业单位的经济工作，会计电算化仍需向纵深发展。

从2004年开始，我国的用友、金蝶等软件公司推出了ERP软件，实现了物流、资金流和信息流管理的一体化，会计电算化只是作为ERP软件的一部分，为企业信息化提供了技术基础。在这种发展趋势下，传统意义上的会计电算化将不复存在，取而代之的是在全面企业管理中的财务管理模块，原有的单一财务软件已不能满足企业经营管理的需要。企业管理材料的采购、销售、存货的管理到会计核算、应收应付款的管理，以及企业固定资产、流动资金和成本费用的管理，财务分析预测等实现一体化，进而实现对整个企业资源的规划和管理。会计电算化系统是企业信息系统的一个重要组成部分，应当从企业信息化建设的高度，立足于企业整体来定位其发展方向。在纵向上，会计电算化信息系统不再局限于提供传统的核算型财务信息，而是要向MIS、DSS层次发展，为企业的管理和决策提供更为完备的信息支持；在横向上，会计电算化信息系统应当立足于整个企业的信息需求，统一规划和实施，和企业内部其他信息系统融合在一起，成为整个企业信息系统的一个组成部分。从企业实施一套ERP方案的视角来看，集成化的思路是管理会计电算化系统发展的根本方向。通过ERP系统全面整合包括会计电算化系统在内的企业各个管理子系统，会计电算化系统在整个大系统内具有相对独立性，同时和其他子系统保持数据的交换和共享。在这个大系统中，会计电算化系统和其他子系统之间高度集成，真正实现物流、资金流和信息流的统一。现有的会计电算化要逐步向ERP软件发展，才能适应企业信息化管理的需要。

随着高新技术在生产和生活中广泛的运用和发展，会计信息处理技术与企业管理活动日益紧密地结合，会计数据处理已由单纯地以“处理”为中心转化为对“信息”的高质量和高时效的追求。互联网的出现和日益普及，以及我国经济的高速发展，企业组织规模的大型化，企业管理的高效化和全球经济的一体化，已经预示着中国会计电算化一场新革命的到来。会计电算化应该是全面面向企业信息化，与企业的人、财、物、产、供、销的协调运转相适应的企业管理信息化。

ERP系统体现了先进的财务会计、管理会计和成本管理思想，能够满足信息使用者的多样化信息需求。ERP中的财务系统是集成的、面向管理和决策的财务系统，它实现了从对财务信息的事后反映到对财务管理和决策的实时支持、从封闭的单一财务管理到集成的全面企业管理的转变。因此ERP将是我国会计电算化发展的必然趋势。

二、基于ERP视域的高职会计电算化教学改革策略

（一）明确ERP环境下的高职会计电算化教学目标

为适应计算机技术、网络技术、信息技术的不断发展，企业管理软件（包括财会软件在内）也在不断更新换代；与此同时，企业对信息化人才的要求也在不断提高。作为当代的信息化人才，财会人员不单要能够正确利用软件进行账务核算，高效处理企业的经济业务，还要能够熟练掌握软件的管理功能，在账务核算的基础上，利用所学理论，借助软件平台，对企业的经济业务进行财务预测、决策、分析和控制。

课程设置取决于专业培养目标，而专业培养目标又取决于市场的需求，因此高职院校课程设置应适应外部市场环境的变化，尤其是外部市场对于人才必备技能和素质要求的变化。当前企业紧跟信息化时代步伐，广泛采用ERP管理信息系统，这就要求作为财会人员要具备ERP系统知识及熟练应用能力。

因此，在ERP广泛使用的当今，高职院校会计电算化课程的教学目标应该定位于：完善并丰富学生的会计电算化课程体系知识，着重提高学生的动手操作能力和系统维护能力，帮助学生全方位认识会计电算化在企事业单位的应用，正确了解会计电算化在企事业单位的管理方式，为以后步入社会，从事财会职业做铺垫。

（二）优化会计电算化课程设置

会计电算化课程的设置要在计算机学科支撑的基础上不断增强会计电算化课程与会计学其他课程的联系，在保持会计电算化课程教学内容稳定性的基础上不断改进，以更好地传授学科知识，培养学生的能力。因此，会计电算化课程的教学是综合性的教学，要分层次进行，即以会计电算化为核心使得会计电算化与会计其他专业课程联系更加紧密。

（1）将ERP软件功能的教学融入会计专业课程的教学。当前，企业使用的ERP软件系统是整合了会计学专业知识和计算机等操作技能的集合体。知识体系的庞杂，实践技能的强大使得无法在会计电算化课程的教学中让学生全面系统地学会所有内容，因此理论知识与实践技能需要对应学习，即在完成会计专业课程的理论教学的同时，完成具体理论知识在ERP软件系统中应用的实践教学。

（2）将计算机信息技术课程教学融入会计学专业课程教学中，一般情况下，在开设计算机系列课程的基础上再开设会计学相关课程，这样可以利用计算机信息技术完成会计学相关专业课程重要知识点的学习，比如可以利用Excel表格完成凭证和报表的编制等。

（3）在计算机学科支撑的基础上不断加强课件电算化课程与会计学其他课程的联系，分层次进行会计电算化课程的教学。

对于会计电算化课程的计算机信息技术教学部分可以分四个层次进行：

1）第一层次是计算机信息技术基础教学，包括计算机基础应用、数据库应用和网络

技术。

2）第二层次是会计电算化教学，包括主流财会软件的教学和 ERP 系统理论教学与实践。

3）第三层次是将计算机信息技术融入专业课程教学，例如学会借助于计算机信息技术完成会计学、财务管理、成本会计、管理会计等课程中有关财务预测、决策、复杂计算的任务及设计并生成符合企业内部管理要求的表格。

4）第四层次是开设实训课程，例如《会计电算化》《会计综合实训》《ERP模拟企业沙盘》等跟电算化紧密相关的实训项目。

（三）对教学内容进行整合

会计电算化课程是融合会计学与计算机技术的学科，为了将会计学知识融入计算机的教学中，使学生能够更加深刻认识会计学的相关知识，在安排会计电算化课程的教学内容时，一方面应首先开设会计学对应课程的教学，再开设计算机课程的相关教学，使两者紧密结合；另一方面要重视实践教学，在实践教学过程中不断提高学生的思维能力、分析能力和处理问题的能力，最终培养出既具扎实的理论背景又兼有实践能力的复合型人才。例如可以安排模拟企业的实训课程，采用角色扮演的方式对企业财务信息进行处理，让学生深入其境，加深对企业财务情况的了解，体验企业财务工作的流程。另外，要充分利用多媒体技术、微课等现代化教学方式讲解教学内容，将 ERP 系统引入教学内容，借助 ERP 软件平台让学生不仅能够系统学习总账系统、报表系统、固定资产系统、工资管理系统、购销存管理系统、决策分析系统等，还可以在完成基本核算的层面上对企业的经济业务进行财务预测、决策、分析和控制，以实现最优化配置企业包括资金流、物流、信息流等在内的所有资源。

针对现行企业采用的财会软件品种繁多，但软件使用的相关原理类似的情况，高职院校在教学过程中可选取两种主流财务软件，当然必须具备一定的代表性；同时为锻炼学生的融会贯通能力，可安排学生自主学习其他 1 到 2 种财务软件，这样在学习主流软件的基础上能够让学生更加深刻理解软件应用原理，提高应变能力。在以上学习完成的基础上，着重培养学生利用计算机软件的各项功能对企业的财务数据进行分析，为企业管理和发展进行财务预测和决策，最终实现高职院校会计电算化课程的教学目标。

（四）优化师资队伍

目前，由于缺乏能够胜任 ERP 软件教学工作的教师，教学质量难以得到保证；为此，高职院校必须采取强有力的措施尽快从根本上改变现状，提高教学质量。首先，积极开展教师培训，及时更新知识体系，提升教师综合能力；针对高职院校任课教师组织继续教育，特别针对专业教师开展相关课程的培训工作，包括 ERP 系统理论、企业经营管理理念、计算机系统及软件操作流程和技术，促使专业教师能够更好地将理论知识与实践能力结合起来，以满足教学需要，适应会计电算化教学工作。其次，高职院校要积极开展校企合作项目，将企业财会精英人士引入学校。一方面采取“走出去”战略，积极探索校企合作、工学结合道路；既可以选拔理论基础好、发展潜力大的相应专业教师深入企事业单位或会计师事务所，参加职业素养和财会实践技能的培训；也可以完善高职院校下企业锻炼制度，安排专业教师深入企业进行顶岗锻炼，了解实务中会计电算化的工作任务，熟悉会计电算化的工作流程，掌握实践知识；另一方面要采取“引进来”战略，高职院校要积极加强与企业的合作，努力将企业的精英人士引进教师团队中，这样不仅可以优化教师队伍结构，不断提高“双师型”教师和企业实习指导教师的比重，还可以通过这些教师进行“传、帮、带”来提高在校任课教师的实践能力。通过上述措施的结合，建设一支实践能力强、综合素质高的“双师型”教师队伍。

总之，随着信息化时代的到来，高职会计电算化教学从ERP视角进行改革，需要转变教学理念，并立足于企业信息化管理全局，全面处理业务；同时，明确教学目标，通过优化课程设置、整合教学内容，进一步优化师资队伍，从而培养出适合社会发展和企业需求的高素质复合型人才，促进财会行业的发展。

第五节　“互联网 +”环境下高职高专会计人才培养模式研究

随着“互联网 +”时代的到来，传统的会计人才培养模式已不能满足社会的需要，高职高专应与时俱进，建立互联网思维，探索合适的会计人才培养模式，培养符合时代需要的应用型会计专业人才。

一、“互联网 +”背景下高职高专会计人才培养模式构建策略

（1）建立多元化的会计专业课程体系。为了满足互联网发展对会计人才的需要，高职高专院校应建立多元化的会计专业课程体系，在开设基础会计、中级财务会计、高级财务会计、财务管理等专业理论课的同时，增加电子商务、计算机、网络安全、数据库、风险防范等互联网技术相关课程，使学生从思想上和行动上重视互联网知识的学习，使学生具备互联网思维，掌握互联网安全及风险防范等方面的知识，从而培养出顺应时代发展的应用型会计人才。

（2）创新会计学专业教学方法。高职高专院校应提供多样化的学习平台，例如可以引入翻转课堂、慕课、微课等教学方法，打破时间和空间的限制，学生可以随时随地选择自己感兴趣的课程，老师也可以提前把教学资料发到网上，让学生先学，然后带着问题进

课堂，在老师讲授的过程中，学生有不懂的问题可以及时向老师请教，或者还可以借助互联网平台进行答疑解惑。在理论教学中，可以采取案例教学、情景教学、学生小组自学等方法；在实践教学中，可以采取任务驱动型教学法；这样既拓宽了教学渠道，也提高了老师与学生沟通的效率和效果。

（3）引进多样化的教学模式。“互联网 +”时代下，传统的教学模式已不能适应社会发展的需要，高职高专院校不仅要注重理论教学，更应注重对学生实践能力的培养。学校可以引入校企合作的教学模式，与企业联合，建立校外实习基地，开展产学研等多方面合作，这样可以充分发挥学校的教学优势和企业的技术优势，保证学校培养的人才有企业需要，企业所需求的人才有学校培养。每学期理论课程学习结束后，剩余的几周时间可以让学生去企业实习，既可以加深学生对理论知识的理解，还可以提高其实践操作能力。

综上所述，加强“双师型”师资队伍建设。“互联网 +”背景下，同时具备会计专业知识、计算机网络知识和实践经验的教师还比较缺乏，因此，高职高专院校应重视对会计专业教师的培训，合理安排教学任务，留出时间定期组织教师到国内外先进机构或深入企业进修学习，提高他们的实践能力；同时还要加强会计专业教师的互联网知识和计算机水平，让教师在闲暇之余参加计算机相关的培训，提高教师的信息化教学水平；完善激励机制，对于“双师型”教师给予涨工资或实行岗位聘任制等优惠待遇，鼓励青年教师考取会计师相关证书；也可以从校外引入优秀的具有丰富实践经验的财务经理或注册会计师来企业充当实践教学导师，充实实践类教学师资队伍。

二、“互联网 +”背景下 XBRL 会计信息化人才培养模式的实践

高校承担着培养各类会计人才的重任，应该着重解决如何培养出顺应互联网时代发展的会计人才的问题。而基于 XBRL 技术的会计信息化人才是在互联网的浪潮下符合时代发展的新型会计人才。

因为 XBRL 信息技术本身就是基于互联网的跨平台操作，作用之一就是把会计准则与计算机语言相结合，把财务信息通过 XBRL 在计算机互联网上有效地进行处理，实现数据的集成与最大化利用。

作为财务会计信息交换的最新技术及公认标准，其强大的信息处理功能不仅可以根据会计信息质量要求，输出标准化、规范化、多元化的财务报告，也可以在互联网的基础上跨平台操作，实现网络信息与会计信息的资源共享，还可以减少财务数据输入错误的频率，提高财务报告的信息质量。因此，XBRL 知识和技术将来必然成为互联网背景下会计信息化人才必备的理论基础与技能。

作为培养人才的摇篮——高等院校，承担着 XBRL 会计信息化人才输出的重任，面临着互联网背景下新型 XBRL 会计信息化人才培养的挑战。因此，研究“互联网 +”背景下

XBRL 会计信息化人才培养问题显得十分必要。

（一）转变思想观念，改变教学方法

高素质、高水平、高质量的 XBRL 会计信息化人才是高校会计人才的培养目标之一，这意味着会计人才需要具备良好的 XBRL 技术、会计专业技术与技能及会计实务操作能力。因此，传统的“填鸭式”“灌输式”教学方法已经无法满足会计人才培养目标的要求，需要将单一的课程教学转向启发式教学、师生互动的案例教学、现场模拟教学等多样化的教学方式与教学手段。

多样化的教学方式与手段的形成不仅需要配备丰富的教学资源，如优秀的教材、完整的教学大纲及课件、丰富的实训资料，还有拥有优秀的教学团队，如定期开展交流学习、教学研讨、教学观摩等的教师队伍。

要实现教学方式的有效转变，需要注重学生的学习态度、学习方式及心理活动的变化，重视学生的学习过程及学习能力、创新意识、专业技能及管理能力等方面的发展，紧跟时代步伐，不断调整教学理念，更新教学手段。对于理论课程，考核的主要是学生对实际业务原理的理解和掌握程度，可以采用案例教学、课堂讨论、启发式教学等灵活多样的教学方式。

对于实验课程，主要考核学生的理论知识应用能力及工作实践能力、分析问题及解决问题的能力，可以采用业务流程模拟教学、岗位模拟教学及现场操作等多样的教学方式进行。

教学方式的提升并非易事，需紧跟时代进步，结合学校及学生的实际，不断尝试，才能形成有特色、多样化的教学方式。

（二）根据社会需要，完善人才培养方案

科学合理的人才培养方案是人才培养的关键之一。“互联网 +”背景下培养的 XBRL 会计信息化人才最终的去向是社会的各行各业，其就业去向十分宽泛，因此，人才培养方案的制定需要结合企业会计人才的市场需求、会计工作的岗位要求。

校企合作、协同完善人才培养方案则成为人才培养的主要途径之一。

按照高素质、高水平、高质量的 XBRL 会计信息化人才培养目标，高校可改变以往的单纯校内培养模式，跟企业签订合作培养协议，进行校企无缝对接，校内外协同培养会计人才。

校企双方在 XBRL 会计信息化人才培养模式的选择上可以是“X+Y”人才培养模式，如“3+1”或“3.5+0.5”人才培养模式，即校内培养 3 年，校外培养 1 年，或校内培养 3.5 年，校外培养 0.5 年。

校内学习期间，专业基础课、专业必修课等课程的理论教学由精通 XBRL 技术的会

计专职教师进行承担。与之匹配的实践教学则由具有合作企业会计工作实践经验的教师承担。

这样不仅能确保会计专业教学内容与会计岗位工作需求相吻合，也能促进理论教学与实践教学紧密结合、相辅相成。

校外学习期间，项目实习、综合模拟实习、毕业实习及毕业论文等主要由学生根据合作企业导师的指导在合作企业提供的实践实训基地来完成，这样不仅可以提高学生的专业实践能力、职业能力、创业能力，也充分把新型的校企协同培养人才方式贯彻到“X+Y”人才培养模式的全过程中。在“X+Y”人才培养模式的运用过程中，高校可以根据上年的培养情况不断完善 XBRL 会计信息化人才培养方案，进而做到“产学融合、校企合作、定向培养”的改革实践。

（三）提升教师整体素质

培养顺应时代发展的 XBRL 会计信息化人才需要一支专业能力强，职业素质高的“双师型”教师队伍，不仅要具备互联网和 XBRL 技术知识，也要具备丰富的会计专业理论知识，还需具有扎实的专业实践经验。因此，优化会计教师队伍成为高校培养高素质高水平的 XBRL 会计信息化人才的主要任务之一。

（1）提高会计教师的专业能力与业务水平。一方面，鼓励会计教师参与各种与行业相关的 XBRL 技术及专业培训，获得相应的专业资格证书。另一方面，通过教学观摩、交流学习、培训进修等方式提高会计教师的授课质量与教学水平。与此同时，为专职教师提供顶岗实践机会，使其积累实践经验，提高实践教学技能。此外，也可以鼓励会计教师积极投身科学研究，通过课题申报及论文撰写发挥科研促教的作用。

（2）在会计教师人才的引进方面，重点考虑高职称、教学经验丰富、实践能力强的优秀人才，同时为其提供良好的工作、科研等条件。最后，借助校企合作平台，把企业中具有丰富的会计工作经验、较高的职业素质、较强的实践能力的专家吸纳到学校，作为学校的会计兼职教师或会计相关专业的企业导师。

（四）与时俱进，改善实验条件

XBRL 会计信息化人才需具备较强的会计实践能力及 XBRL 技术实践能力，这意味着原有陈旧落后的实验条件已经无法满足人才培养的需求，应配备较先进的实验环境与场地、实验硬件及软件设备等实验条件。

因此，校企合作共建的校内外实训中心应保证学生能进行最基本的课程实训及实习训练以培养学生的创新能力和综合能力。

校内实训中心实验条件的配备不仅要满足 XBRL 技术及会计专业课程等课程的认知性及验证性实验要求，也要满足会计综合模拟实验等课程的综合性实验要求。

校外实训基地的建设在确保真实的供—产—销流程的基础上，不仅要满足学生完成企业顶岗实习及毕业实习等实习的需要，也能满足会计教师实践能力提升的需要。

（五）理论与实践相结合，改进课程体系

培养顺应时代发展的 XBRL 会计信息化人才不仅要掌握丰富的理论知识，也需具备较强的实践能力。

传统重理论轻实践的课程体系已经无法满足现代会计人才的需要，因此，在坚持理论与实践兼并原则的基础上，进一步深化课程体系改革，促进学生职业能力及职业素养的提升。

按照“专业与产业结合、课程与能力结合”的课程改革思路，建立以培养专业能力、提高实践能力为核心的课程体系。课程体系由基础课程、核心课程及实践课程组成。

专业理论课程主要由基础课程与核心课程组成，主要目的是促进学生掌握基础计算机网络知识、XBRL 技术知识及相关的会计专业知识，以便学生能尽快进入到实践环节进行相关的技能操作，增强 XBRL 会计信息化人才的实践能力和工作能力，进而快速满足会计岗位的要求。

这些理论课程的教学由相关专职教师在校内进行。实践课程不仅涵盖了与核心课程教学相结合的认知性试验、验证性实验及设计性试验，也涉及与岗位需求相结合的技能型实习实训及专业方向相结合的综合性实训，这些课程的教学可采用校内与校外实训相结合进行联合培养，由学校专业教师与校企合作的指导教师联合对学生进行实践能力的培养和考核，这样在很大程度上可以把“专业与产业结合、课程与能力结合”的课程改革思路充分运用到 XBRL 会计信息化人才培养模式中。

第四章　会计信息化实验教学的综合探索

会计信息化是一门融会计学、计算机及网络技术为一体的交叉学科，是会计、财务管理专业的一门专业必修课，是为培养适应社会主义市场经济要求、符合企业信息化需要的、懂得会计信息系统理论与实务的复合型人才服务的。因此，要高度重视实验教学，通过实验教学培养和提高学生的业务操作技能、综合素质与创新能力。

第一节　会计信息化建设人才培养实训体系

实训是提高会计信息化人员能力的最佳途径，高校会计专业、会计电算化专业或者信息管理与信息系统专业的学生在学好会计基础理论课程和必要的计算机课程后，进行相应的实训，能将相应的理论知识进行有效的整合，同时对会计信息化实施阶段不同人员所具备的不同能力进行培养。

一、基于 ERP 沙盘模拟的实训体系

基于 ERP 沙盘模拟的实训体系，即物理沙盘 + 电子沙盘实训体系。该实训主要解决“ERP 是什么”的问题。ERP 沙盘模拟实训凭借其极强的体验性、互动性、实战性、竞争性、综合性、有效性的特点，正被各类院校的相关专业所认可和接受。沙盘课程因其直观性、动手操作性、团队合作性而深受学生的喜欢，也因其教学方式的新颖性而为大家所关注，几乎成为经济管理类实践教学的首选，会计业务贯穿于企业管理的各个环节，对企业业务流程的全面理解是会计信息化人员的基本要求，而 ERP 沙盘模拟实训是学生全面理解企业业务流程的平台，在 ERP 沙盘模拟中，会计业务占有核心位置，通过沙盘模拟实训可以使学生全面了解企业的生产运作，理解各项业务的发生对财务工作的影响。

沙盘实训涉及企业整体战略、产品研发、设备投资改造、生产能力规划、物料需求计划、资金需求计划、市场与销售、财务经济指标分析、团队沟通与建设等多方面内容。对于信息管理与信息系统专业学生来说，通过物理沙盘能够整体熟悉企业经营的业务流程，熟悉经营管理各个环节的主要业务及相互之间的联系，同时通过熟悉规则，制订经营方案，经营运作、财务管理、市场竞争，初步体验管理的复杂性和竞争的激烈性。由于进行物理沙盘的过程中规则比较复杂，学生很难全部记清，这就导致经营过程中会无意识地犯错误，或有意识地“钻空子”，而这些错误又很难被发现，即使被发现，有些操作也无法可逆，使得竞争失去了公平性，因此在进行了至少两轮的物理沙盘后可以将物理沙盘与电子沙盘并用，这样可以有效地控制局面，监控运营过程，也可以在一定程度上防止学生出现失误。特别提醒的是不要开始就只用电子沙盘而舍弃物理沙盘，因为沙盘培训的目的不仅仅是为

了竞争，获得输赢的结果，更重要的是通过沙盘盘面和教具感受运营的过程，体验经营的业务流程以及运营中的物流、信息流和资金流的运动。而电子沙盘虽然能有效地监控过程，加快进程，但缺乏实物感，因此物理沙盘和电子沙盘并用是最好的选择。

二、基于财务业务一体化的综合实训体系

基于财务业务一体化的综合实训主要解决“会计软件怎么用”的问题。通过 ERP 沙盘模拟实训，学生对企业的管理过程已经有了一定的感性认识，接下来进行财务业务一体化综合实训。成熟的会计软件涵盖资金流运动的全部过程，包括应收、应付、存货核算、银行对账、总账、报表等模块，通过该实训，可以提高学生的财务软件操作能力，整体掌握会计软件各个模块之间的控制关系。目前国内众多高校会计软件的实验主要是分模块独立进行的，数据量小，周期短，并且数据不够连贯，没有将完整的财务业务数据实施到软件中，这样对各模块之间数据的联系和模块控制关系理解不深。本实训将进行至少两个周期的数据录入，数据覆盖企业管理的所有主要业务，保持数据的一致性和连贯性。在可能的情况下加入供应链管理，将采购、销售、库存模块纳入信息化管理中，将资金流与信息流统一起来，这样学生通过对软件的学习和操作过程，熟练掌握会计软件的功能，理解企业信息化管理的完整过程，充分感受企业经营的连续性。

三、基于模拟企业综合业务的实训体系

基于模拟企业综合业务的实训主要解决“企业管理中每项工作怎么做”的问题。要进行会计信息系统的分析与设计以及实施，对业务的了解必须全面具体。

进行模拟企业综合业务实训，即将生产制造企业移入学校，模拟企业生产真实的产品，可以根据学校自身情况选择一种产品，我们选择的是学校更新换代淘汰的电脑，将旧电脑拆卸成的组件作为原材料，将电脑的组装过程编制成制程规划，电脑组装结构形成 BOM 清单，企业由生产、仓库、销售、采购、财务、质检等部门组成，每个部门在每项业务中要填写真实的单据，部门之间的信息靠单据进行传递，生产部要填制生产通知单给车间、填写领料单给仓库，仓库根据出库单和入库单登记材料保管账，车间进行电脑的组装生产，并进行工时记录，财务部要根据原始凭证填制记账凭证、并登记各种账簿、根据直接材料费、直接人工费及制造费用计算不同类型电脑产品的成本，期末编制会计报表，模拟企业实训使学生亲自参与生产经营过程，完成企业生产经营各种会计信息的采集和处理，通过真实的单据填写及传递来体会信息流的运动、通过会计信息的处理和传递体会资金流的运动、通过产品的生产加工体会物流的运动，学生在实训中的角色更具体，通过轮岗、角色互换，获得相应的职业能力培训，缩短学生毕业时进入工作岗位的心理、技能和职位的转换期，实现零距离就业，同时为后期的会计信息系统设计与实施实训奠定基础。

四、基于会计信息系统分析与设计的实训体系

基于会计信息系统分析与设计的实训主要解决“会计软件怎样设计”的问题。会计信息化人员的一部分是会计软件的开发人员，因此信息系统的分析与设计能力尤为重要，本实训基于前面介绍的模拟企业综合业务实训的业务进行数据调查和业务流程分析，由于学生已经经历了亲历亲为的实践，对被调查的仿真企业十分熟悉，避免了以往的通过查资料或凭空想象来分析业务。由于学生的经验和能力相对有限，因此设计的系统相对商品化，会计软件的功能要简化许多。主要是将所学的系统分析的工具和方法综合运用，设计业务流程图、数据流程图、ER 图、功能模块图，设计出关系数据库及进行程序设计，最后进行系统功能的测试。本实训中设计的会计系统将由多名学生协作完成，可以按照系统分析和设计的阶段进行分工，分别承担分析人员、设计人员、编程人员、测试人员等角色，也可以按照业务范围进行分工，分别承担应收、应付、总账、报表等不同子系统的分析设计。通过本实训让学生充分体会会计信息系统分析与设计的各个阶段、编写每个阶段的文档资料，并且保持各阶段文档之间的连贯性。同时也让学生感觉到任何一个系统的成功设计不是一个人能完成的，是需要靠团队成员的分工协作和配合来完成的。

五、基于会计信息系统实施的实训体系

基于会计信息系统实施的实训主要解决“企业怎样实施会计信息系统”的问题。该实训体系能够培养会计信息化人员的咨询和实施能力。结合企业特点制定会计信息系统实施方案、进行实施工作是本实训的主要内容。

该实训深入分析企业的组织机构、业务流程，并基于 ERP 的管理思想进行业务流程优化，对企业的营销、管理、财务、生产、采购、人力资源等方面的业务流程进行整合，使物流、资金流、信息流的循环和周转更趋通畅，设计企业信息化实施方案。该实训包括网络系统的实施和软件系统的实施。根据企业的部门分布和业务流程，建立网络规划方案。包括网络布线、交换机、路由器的调试，配置服务器等。其后进行会计软件的安装调试，然后进行系统数据的初始化工作，将模拟企业一个会计周期期初的各项管理数据进行整理、分类、编码，形成会计信息系统的期初数据，录入到系统中，测试通过，初始化工作完成。本实训中，指导教师应具有企业会计信息系统实施的实际经验，系统实施的成功与否很大程度上决定企业信息化建设的成败，具有实施会计信息系统能力的学生也是非常受企业欢迎的，因此本实训在整个会计信息化建设人才培养实训体系中是很重要的一个环节。

该实训体系为会计信息化建设的人才培养搭建了平台，并且基于这个平台可以对会计信息化建设的不同阶段所需人才的能力要求进行模块的选择。因此我们称之为“平台 + 模块”的实训体系。该实训体系注重能力培养的层次性、连贯性，培养学生的综合实践能力，

对实现学生和企业会计信息化所需人才的无缝对接进行了有效探索。

第二节　会计信息化与高职高专会计电算化仿真实训教学

会计专业是实用型专业，会计学是一门实践性很强的学科，随着中国加入 WTO，以及社会主义市场经济的完善和发展，社会对高素质财会人员的需求量越来越大。从目前财会专业毕业生的现状来看：一方面，他们的理论知识是系统化的，是在专业知识结构的框架内进行研讨学习的：另一方面，在一部分学生的脑海中，知识的连贯性不强，对于实践中的经济业务的相关性认识不足，这是在校财会专业学生带普遍性的弱点之一。会计仿真实训课程就是为了解决这些问题而设置的。

会计仿真实训，是以一个模拟的工业企业一个月经济业务为对象，学生以一个会计的身份，使用真实的会计凭证、会计账簿、会计报表，按规范化的会计核算要求，处理核算业务，并写出财务报告的教学活动，主要包括基础会计实训和财务会计实训。通过实训这种规范化的会计实践活动，不仅使学生对会计核算与分析有一个较完整的感性认识，而且能提高他们的动手操作能力，促进理论与实践的结合。

加强实训环境的仿真教学是当前高职高专教学模式改革中的必然要求。对于会计专业的会计电算化实训教学，也必然应有相应的改革，以适应当前日益发展的企业电算化账务管理的大环境。会计电算化是个复合型的学科，它包括会计和计算机两个领域的专业内容，因此，对会计电算化的实训内容的仿真，从教学的内容、教学的工具、教学的环境及师资力量的配备等方面来说，都有它独特的要求。

一、加强会计电算化实训仿真教学需强化教学内容

为加强会计电算化实训仿真教学，需从强化计算机基础知识和会计电算化实训内容量两个方面入手。

首先，加大学生计算机操作能力的培训，这包括计算机基础知识的强化，以及速录技能的专业训练等；其次，对会计电算化实训内容的强化。对实训内容的强化，一方面是在教学内容的广度上加强，在电算化的业务处理上要更全面，不但要掌握财务链上的使用，还必须加入供应链的使用；另一方面是在教学深度上的加强，在平常的教学基础上，增加连贯会计期间的业务操作的内容。

这需要两个方面的配合。

（1）要得到软件开发商的支持，因为现有的各种教学软件开发商，为了知识版权的

问题，基本都设置为只能做一个月的账务处理，结账后软件的教学功能即停止，这样从软件的使用上也限制了教学内容的扩展，或者可以通过购买正版软件来解决该问题；

（2）要做好相关教学资料的准备工作，即要准备跨年度的两个月的教学实训资料，并且为了提高实训资料的仿真性，在实训资料的准备上，最好能为实训准备一套真实企业中的跨年度的真实业务内容。

在这样的实训资料中涵盖了一个企业整整两个月的业务资料，通过这样的资料能让学生真正地体会到在真实的企业中，业务的构成及扩展情况，从而才能更好地将学习到的财务知识融入电算化软件的使用中。

二、加强会计电算化实训仿真教学需规划教学内容，提高仿真性

规划一种适合于各高职高专院校特色的会计电算化教学内容模式，提高教学的仿真性。会计电算化是一个复合型的学科，它包含了计算机应用及会计技能。随着当前社会的高速发展，企业对会计电算化人员提出了更高的要求。经过调研，我们发现，在计算机应用方面，企业除了希望会计电算化的从业人员能熟练地应用会计电算化软件，还希望从业人员能拥有对计算机本身进行简单的维护、能熟练地使用一些提高工作效率的办公软件等技能；在会计技能方面，真实企业对于财务人员的要求不再是简单的记账、算账，而更希望能具备进行一些分析、预测、决策方面的财务管理的能力。

因此，在教学中，要加强计算机技能的扩展，引入一定的财务管理软件的教学，拓展学生的业务能力。针对这样一些情况，会计电算化的教学模式不能单纯地依靠传统的理解会计电算化工作原理，掌握会计电算化软件的各种操作方法来让学生获得会计电算化工作的技能，应在传统的教学模式上进行扩展。

在财务软件的财务链教学的基础上，再增加供应链环节的教学，使之与财务链联系起来，形成一个尽量仿真的工作环境。对于真实企业中网络工作环境的仿真，可以采取组织学生专业实训的模式。这里需要学校加大对实训硬件的投入，提供足够的场地与设备，使学生参与到整个从手工会计转换为电算化会计的过程，这其中还包括最基本的会计电算化工作环境的组建、配备等工作，并在分组的情况下能在实训室实现轮岗操作的技能训练。

三、加强会计电算化实训仿真教学需合理建设实训实验室

作为会计专业的毕业生，要想胜任会计工作岗位，必须提前经过专门的技能实践培训，仅仅使用管理学范畴的研究方法和科研手段培养出来的学生，是无法满足社会需求的，也不能适应社会对会计人才的需求。

由于社会教学实践活动困难重重，多数学校选择在校内建设模拟实验室，建设会计电算化仿真实训实验室，可使学生成为教学过程中的主动者，在这个仿真实训的环境当中，学生能把将来工作中所能遇到的各个环节都实践到，经过实训可以实现全面的实践效果。

会计电算化仿真实训实验室的建设涉及人员建设、硬件建设、软件建设、保障管理等各个方面。

（一）实验室人员建设

人员建设是确保会计电算化仿真实训实验室最直接、最重要的因素之一，实验室要求配备技术人员 2~3 人，其中一名是系统管理员，要求计算机专业，主要从事系统维护和管理，其他 1~2 人负责实验资料和设备的日常维护和管理，可以是计算机或者会计专业。有条件的还可以配备卫生清扫人员。

实验室还要配备实验指导教师，为了实训效果最好保证每 10~15 名学生配备一个。实验指导教师要定期进行理论知识的培训进修，注重实践能力的不断提高。最好能够聘请校外资深会计担任学校实训教学顾问。为了达到理想的实训效果，有条件的学校要把技术人员、指导教师和理论授课教师区分开。

（二）硬件建设

硬件建设是会计电算化仿真实训实验室的基础建设部分，不仅要求计算机配置能适应实践教学的要求，同时在建设类别和建设场地等方面也都有着一定的要求。

（1）选址。会计电算化仿真实训实验室的选址要求宽敞、明亮、舒适，配专用服务器；多媒体智能工作站；教师笔记本；多媒体投影仪；多媒体微机；交换机；稳压电源；打印机；刻录机；扫描仪；数码摄像机和照相机；网络设备；白板；空调；U 盘；耗材（如打印纸等）；远程教育设备；局域网和校园网环境；除尘设备；防静电接地设备等等。

（2）供配电。考虑系统扩展、升级，要预留备用容量，电压范围 180 ~ 240 V。前端配备 UPS。机房内电力负荷要合理安排。主机和 UPS 的电源供应要保证单独设置。实验室进线要符合《建筑物防雷设计规范》的要求，架空进线的照明度控制在 300 ~ 450 LX 范围内。实验室温度和湿度范围分别是 15℃ ~ 30℃，30% ~ 70%。

（3）环境配备。模仿真实的工作环境，把工商局、税务局等各个相关机构的窗口都搭建出来，学生可以按照实际岗位分工，对每个工作环节都能熟悉到和体验到，这样培养出来的学生在毕业后进入到企业，能很快融入工作。

（三）软件建设

（1）会计电算化仿真实训实验室要安装 Windows 系统、Office、用友软件、UF-ERP、金碟软件；多媒体交互教学系统；电子商务系统；计算机辅助审计系统；多媒体会计模拟实验室系统；会计电算化培训及考试软件；远程教育软件；防病毒软件。

由于现今市面上财务软件的多样化，以及根据企业的需要不同，使用财务软件的模式也不同，小一些的只需要传统的财务处理模式，大一些的需要网络化的 ERP 模式，即企业资源计划系统。众所周知，企业资源计划系统包含了企业日常工作的方方面面，自然也包括财务处理部分，而且对财务处理的要求更精细。这些多样化的软件都有财务处理的功能，但在操作模式、应用方法上存在较大的差异，因此，为了更好地使学生能尽快地融入实际的工作，应该至少选定两种在模式上且在实际应用中都具有代表性的实际应用软件用于教学，并及时更新，达到与实际工作同步的水平。

（2）课程与教学：实验指导教师在仿真实训环境下，结合实际工作，根据前期理论知识，引导学生进入会计实际操作，让学生把各个会计流程都实践到，并熟练掌握。

（3）材料准备：教师要到企业中去搜集所需的资料，在强调原始凭证、会计用品和印章都真实、全面的基础上，对搜集到的会计资料精心选取，保留和选取代表性强的，去掉重复。最好能搜集到有问题的原始凭证，如假发票，用来增强学生审查假错账的能力实训培养。

（4）实验教材：实验教材的水平直接决定会计电算化仿真实训实验水平，主要由实验指导教师负责编写，在实验材料基础上，以理论教材为基础，对企业实际发生的各环节业务流程进行汇总整理，编制出涉及各方面会计工作的仿真实训实验教材，这也要求指导教师有资深的实践经验和不断提升实践能力的机会。

（四）制度建设

建立健全实验室管理、维护和保障制度，是实验室能够正常运转的政策基础。会计电算化仿真实训实验室的制度建设，可以参考理工科计算机实验室的管理，分级别分对象制定相应的管理制度，创造一个干净、整洁、有序、严肃的会计电算化仿真实训实验室。

会计电算化实验教学环节是社会对会计人才需求的真实体现，是学生对会计理论知识与实践操作能力转换、贯通的重要过程。为此，会计电算化仿真实训实验室要把培养适应社会发展需求的会计人才作为主体目标，力争做到硬件设备配置和更新与社会发展同步、教学实验资料和实验教材真实全面并具有代表性、实验室师资力量雄厚、教学方式方法先进有效，让学生走出实训实验室就能快速融入工作岗位，培养出适应社会需求的会计人才。

四、加强会计电算化实训仿真教学需加强校企合作

由于会计电算化课程的复合性，这使得平时对该课程师资力量的培养的要求也较高。最主要的手段还是要加强校企合作。要加强校企合作，一方面，让教师与相关财务软件开发企业合作，定期选派教师到企业参与软件的实施工作，甚至于开发工作；另一方面，定期选派教师到符合条件的企业进行一定时间的顶岗工作，这样既锻炼了教师的实践工作能力，又能让教师接触最新的实践环境，可以对校内的实训环境的仿真提供更好的平台。

应用型人才是当前社会最需要培养的人才类型。会计电算化更是这一类型的典型。要

培养出优秀的会计电算化应用型人才，只有让学生在最仿真的环境下多实训、实训好。而要能达到最仿真的环境，我们必须在仿真实训的教学内容、教学工具、教学环境、师资配备等方面进行必要的改革和探索。

按照这些方面的探索实施改革，不仅可以极大地提高学生的实践能力，而且能使学生在毕业时更快地融入当前的社会工作环境并从容地应对即将接手的工作，让学生更具有就业的竞争性。通过诸如上述的仿真实训的锻炼，学生不但能干好会计电算化这个本职工作，还能对当前主流的会计电算化软件的模式进行思考，从而促进会计电算化软件的发展，同时，也促进了会计电算化学科的发展。

第三节　基于综合实验教学平台的会计实验课程体系构建研究

随着信息技术的发展，企业对会计人才的从业技能有了更高的要求。利用现代信息教育技术，搭建起一个培养创新型、应用型会计人才平台已成为高校的教学目标。实验室是高校培养学生动手能力和创新能力的重要基地，如何构建合理的会计专业综合实验教学平台，并形成科学有效的实验课程教学体系也成为教学研究的重点。

一、建设综合实验教学平台的必要性

为了满足财会类专业培养学生实际操作能力的需要，加大对实验课程在总课程中的比重，根据实际工作需要和职业能力培养的需要进行更为多层次、多样化的实践操作，实验课程的实验条件对实验课程的质量至关重要。

（一）建设综合实验平台，提高实验课程多样性和综合性

现有的相关实验课程，除已有的会计信息化实验能够以比较接近工作实际的方式和内容在机房进行操作之外，很多课程都是在普通教室按照实验指导书的内容完成操作，而实验指导书的纸质内容很难及时反映丰富多变的实际工作情况。会计实际工作具有分岗完成工作的特点，传统的实验方式很难实现让学生担任不同岗位工作，同时完成相关工作，这样实验模拟现实操作性就大打了折扣，不利于学生通过实验达到培养操作能力的目的。

综合实验平台在学科划分上横跨多个学科、多个专业，是一门真正跨学科、跨专业的实验课程。可让财务相关专业学生进行跨学科、跨专业实践。建设综合实验平台，可以提供单项、综合双实训模块，练习、实习双实训模式进行多行业、多岗位、跨部门的综合会计岗位实训。

（二）建设综合实验平台，提供校内仿真实习基地

实习是教学过程中一个非常重要的实践环节，对巩固学生的专业基础知识，以实践的感性认识来深化对理论知识的理解和掌握，使学生获得职业基本技能的训练有着极为重要的意义。对于财会类学生而言，企业由于种种原因无法接纳学生进行实习，即使到企业进行实习，由于各种原因学生接触不到核心的内容，实习流于形式。为了帮助学校解决实习难的问题，提出把企业搬进校园，让学生在校园就可以进行校内实习。逼真的模拟系统可为教师提供一个非常好的授课平台，帮助学生在真实的情景中理解企业中财务的运行状况、管理模式和经营模式，可以使学生学到企业经营的正确思路，强化学生分析问题、解决问题的能力。综合实验平台在一定程度上解决了仿真环境搭建和模拟真实业务的问题，解决了财会类学生实习困难、实习效果不好的问题。综合实验平台可以提供给教师一个详细掌握学生操作能力的平台，通过实验室相关教学软件的统计和提示，教师应用多种教学手段，并按照课程要求进度及时调整教学内容和要求，提高针对学生个体需要的人才培养效果。建设会计综合实验平台将财会的理论教学与实践演练完美切合，打造高效的财会实训平台，满足市场多样化、多层次的发展需求，推动财会专业的特色建设，提高学校的实践教学实力。

二、综合实验教学平台功能分析

会计综合实验平台是与多个会计基础课、专业课程体系紧密联系的包含实验教学管理平台、实验应用平台和实验数据资源库在内，基于网络信息技术实现的一系列单项和综合实验项目构成的综合实验教学平台。

综合实验平台的建设为各专业学生提供了一个综合的实验平台，其功能主要有以下几点。

（1）实验教学管理平台。实验教学管理平台是制订课程建设方案和教学实施方案，规范会计专业教学内容，形成教学实施与评价标准，不断优化院校教学组织；利用实验教学管理平台建立学习知识点，设计形成由“课程知识点素材资源 + 实验教学应用平台 + 实验教学管理平台”生成课程的资源使用途径，保证其长期使用和持续更新。包括课程建设方案、课程教学实施方案、知识点资源库等。

（2）实验教学应用平台。实验教学应用平台是开展“会计业务场景 + 会计岗位设置 + 会计岗位任务 + 操作角色”有机结合的虚拟实训平台，实现职业认知、职业判断、业务处理、实务操作、教学评价融为一体的实训教学功能，能激发学生参与实训的热情，提高实训教学质量。基础会计实训、成本会计实训、出纳实务实训、税收实务实训、财务管理实训、电子报税实训等模块整合在平台中。以真实的数据支持平台，严格按财会实际教学思路设计，教、学、练、考四维一体、环环相扣；单项与综合双实训模块；练习、实习双实训模式；学习、练习、实习、考试四种实训状态。

（3）实践教学财务专业项目资源库。课程教学资源以课程建设方案和课程实施方案

为依据所建设和收集的媒体素材，包括教材讲义、电子课件、任务演示库、教学录像、音频视频库、图片库、企业数据库。

（4）辅助资源库。包括教学案例、配套资料包等。例如企业经营管理全景仿真系统的基础数据账套、电子教材（PPT）、学生学习指南、教师授课指南等。综合实验平台具有仿真性、过程判断性和过程操作性，学生可通过平台所提供的角色选择功能在不同的岗位上按照工作流程完成各项典型工作任务。该平台以典型工作任务的完整工作过程为载体，利用角色体验、上岗操作等功能，提升实训教学品质，提高实训教学质量。会计综合实验平台在建设过程中具备模块化、网络化、动态化等特征。

通过对财会专业实验教学需求按照一定的课程体系结构进行资源整合，建设网络化的实验教学和实验室管理平台，实现网上辅助教学和网络化、智能化管理。通过整合和建设有 ERP 实验室、会计信息化实验室、会计手工模拟实验室、企业经营与财务决策在线博弈实训室、资产评估综合实训室等实验教学资源。

三、综合实验教学平台的会计实验课程体系构建

基于综合实验平台，进行会计实验课程体系建设分为三步：第一步，根据会计专业人才培养方案制订实验课程建设方案；第二步，根据实验课程建设方案制订实验课程实施方案；第三步，以实验教学管理平台为基础，根据实验课程建设方案和实施方案的要求制作会计实验教学大纲，根据大纲调集相关知识点资源和链接实践教学企业经营管理第三方应用软件（例如用友、金蝶、金算盘等软件）后形成学习、练习单元。

（一）制订课程建设方案

课程建设方案是课程建设要素的有机组合，可根据该方案所提供的资源进行规范化的课程建设。课程建设方案的要素包括：课程定位、课程目标、课程教学内容、教学方法与手段、教学条件、考核评价六个要素。其中，课程教学内容即是要确定该学习领域课程所划分的学习情境，是实践教学课程的关键。会计实验课程教学体系划分为“五个层次”的实验课程体系，包括学科基础课程、专业主干课程、综合（实验）实训课程、实践课程和实创实验课程。

（1）学科基础课程实验。学科基础课程实验是针对学科基础课设计的课程内单项实验，综合性较弱，强化某一部分理论知识，为后续的综合实验、实训和实践打下坚实的基础。包括会计学、财务管理等课程。

（2）专业主干课程实验。专业主干课程实验是针对专业主干课程设计的课程内单项实验，综合性较弱，强化相关专业理论知识，并为后续的综合实验、实训和实践打下坚实的基础。包括财务会计、会计信息化、成本会计、管理会计、审计学、财务管理等课程。

（3）综合实验（实训）课程。综合实验（实训）课程是将多门课程内容组合或多门

专业组合的跨学科实验课程、跨专业实验，要求学生全面掌握运用相关专业的基本理论、基本技能和基本知识。综合性最强，包括会计信息化实训、基础会计综合实训、审计综合实训、成本综合实训等课程。

（4）实践课程。为了培养应用型的会计专业人才，鼓励和支持学生积极地参与校内外实践活动，提高学生综合运用所学的基础理论、基本技能和专业知识解决实际问题的能力。包括财务会计、会计信息化、成本会计、财务管理、管理会计等实践课程。

（5）实创实验课程。在培养应用型会计专门人才培养目标的指引下，高度重视学生创新和实践能力的培养，以理论结合实际操作的教学为主，培养学生的创新创业精神；实施教学实践，强调培养学生的实际动手能力，全面提升学生对会计、财务及信息—高教论坛化等方面的处理能力；通过多样化培养途径的综合应用，不断提高本专业学生的创新精神和实践能力。

（二）制订课程教学实施方案

课程实施方案是教学实施过程指导方案，教师可根据该方案所提供的教学组织步骤、教学资源运用、教学方法与教学手段应用等结合本学校的实际情况组织教学。综合实验实习课程实施方案以“教学情境”为单位，以“具体要求工作过程”为序对教学的每一步骤进行了方案设计，根据学习情景制作教学大纲、讲义等教学资料。

（三）发掘知识点资源库

知识点资源库是以学习单元为单位对知识点所提供素材的调用集合平台。每门课程应按教学内容划分若干学习单元，每个学习单元设教材讲义、教学课件、实物样例、任务演示、典型案例、教学录像、教学示范、企业信息、能力测试、虚拟仿真实训栏目。总之，高等学校实验室是坚持“厚基础、高素质、强实践、重应用、有特色”的专业建设理念，坚持以社会需求为导向，坚持人才培养与社会需求相结合，培养专业基础扎实、实践能力强、综合素质高的应用型专业人才。在目前办学规模不断扩大，实验资源缺乏的状况下，对资源进行整合和优化，构建综合性实验教学平台，不但能解决实验教学资源的需求问题，而且通过整合资源、扩大实验室建设规模，能促进实验教学与科研的有机结合。科学合理的模拟实训平台对培养学生的实践能力和创新能力有着至关重要的作用，也是培养符合市场需求的应用型高级人才的基础保证。

第四节　ERP 沙盘模拟实验教学的规范化

ERP 沙盘模拟实验教学是一种很具特色的情景模拟和师生全互动的教学方式，近年来开始被一些高校引入，作为企业管理和会计信息系统专业课教学中的一种实验课。对 ERP 沙盘模拟实验教学应从多个方面进行规范建设，为其构建一个合理的教学模式，可使其教学优势真正体现出来。

一、ERP 沙盘模拟实验教学的特点

（1）ERP 沙盘模拟实验教学是一种新型的互动式教学。教师的作用在这里既是协调，又要主导，因此教学组织方法要得当，要合适。既要保持学习气氛热烈，又要将实验的主题紧紧抓住。每次上课的主题都应在教师的掌控之中，要使学生有内容做，按规范做。否则，这种实验课很容易流于形式，变成较随机的游戏。

（2）实验中，企业营运的策略组合具有多选性和不确定性。要注意在实验课中介绍多种模拟案例，不要把营运流程按一个模式来做，流程本身也可以注意优化，它不应是一个死东西。例如，根据企业的实际情况不同，可以从生产资金实际能力出发来确定广告策划、销售规模和销售组织，也可以从产品的市场需求出发，来确定融资问题的安排和生产能力布局等。教会同学们自己选择、自己去多比较、自己找到相对好的解决方案。

（3）由于 ERP 沙盘模拟实验课是在仿真企业背景下进行的相关管理角色的体验，这种教学还有情景教学的特点，实验者对情景的感受也较重要。因此，在实验课中，需要情景背景来为这种教学注入活力。营造情景的方式很多，包括请来自不同单位的教师来介绍企业营运管理思想并主持实验、以不同行业的企业管理环境依次做企业营运背景、对每个实验者在下一步的实验课中变换其职能角色等。使学生对这种实验课的感受始终保持新鲜感。

（4）ERP 沙盘模拟实验课有一个设计布局良好的沙盘模型，因此，它还是激发学生研究性学习和自主性学习的良好平台。企业管理的优化问题涉及的方面很多，这些方面相互制约又相互推动。在 ERP 沙盘模拟实验教课中可以很清楚地看到某一方面的管理举措对其他方面形成的互动关系，例如，一种广告决策行为就会影响到订单的情况，订单的情况又决定到生产的组织情况，生产的组织情况又会影响到生产线的布局情况等。而这些管理活动又有多种组合，哪种组合更优，会激发学生去探索。又由于沙盘模型事先将规程布局好，对许多问题的理解学生可以更少依赖教师，自主学习也方便可行。因此，比较来说，

ERP 沙盘模拟实验课是激发学生研究性学习和自主性学习的较好平台。

二、ERP 沙盘模拟实验教学规范化建设的主要方面

针对 ERP 沙盘模拟实验教学的特点，对其进行规范化建设可从以下几方面来进行。

（1）教学目标的规范化。教学目标既要符合这种教学形式所能提供的教学优势实际，又要体现对专业人才能力培养的要求。从 ERP 沙盘模拟实验教学的特点来看，其教学目标是以学生感受企业营运管理活动中的角色体验为基本层次，以学生对企业营运管理中的多种管理流程布局和协调关系的理解为第二层次，以学生对企业营运中相关管理关系的优化和管理流程改进的研究性学习、自主性学习为最高层次。确定这样一个教学目标既能充分发挥这种实验教学的优势，又能保持学生持续的学习兴趣和自主探索的精神。目前，ERP 沙盘模拟实验课的教学目标主要处于第一层次，这实际上是一个自然的教学目标。完成这样一个教学目标，只需较短的时间，也不用学生太多的精力。所以，今后要以研究性学习为主抓目标。

（2）教学内容的规范化。在明确了教学目标的基础上，要进一步对教学内容进行规范化。要以标准教材为主线条，有符合企业管理流程实际的案例资料为演练素材。学习中有理论原理介绍，有经典案例和要点讲解，有多套案例资料供学生演练，这样才会有实验主题、实验依据、实验要点和归纳总结。

（3）教学方式的规范化。当前，ERP 沙盘模拟实验课基本以对抗演练方式进行，形式单一，组织也较随意，这只能满足角色体验的要求，如要对企业营运总是进行研究性探索，这样的方式显然是不够的。针对学生的探索性学习需要，要有多种教学方式，除了对抗演练方式外，还应有专门实验理论问题讲解，优化管理组合的专题讨论等，并大体上规定各种教学方式的课时比例。还应适当聘任校外教师上课，以保持有较新的内容进入课堂。就是对抗演练形式也可改进，如增加师生互动的时间，以避免学生在实验中出现思维误区和思维盲区。

（4）教学管理上的规范化。没有相应的教学管理，各方面都会缺乏责任心，ERP 沙盘模拟实验教学的质量也难以保证。目前，ERP 沙盘模拟实验教学还处于尝试阶段，因此，还需要在教学管理上规范化。

1）教学条件规范化，使教学大纲、实验教材、实验设施的完整性符合教学要求。

2）师资管理上的规范化，实验课主讲教师、实验辅导教师的人员配置要符合教学需要，师资应有相应培训的措施。

3）教学过程的规范化，实验室应有上课日志、教学档案、学生实验报告，实验问题的归纳和总结。

4）考评制度的规范化，校方要对 ERP 沙盘模拟实验教学的检查形成制度，包括检查

相关教学档案的完整情况，定期对实验课进行听课或观摩。检查实验设施的有效运转和合理使用情况等。

三、ERP 沙盘模拟实验教学规范化建设的相关措施

（1）ERP 沙盘模拟实验课要和 ERP 等信息管理系统的作业布局紧密结合起来。当前（尤其是未来）企业营运管理的平台不是传统管理，而是信息化管理，因此，企业营运要突出信息化管理的特点，这样更符合企业实际，要在教学内容规范化中充分贯彻这一思想，保持企业营运管理流程和信息化管理的规程设置相辅相成，增强学生对所学内容的理解。从目前的实验教学内容来看，无论是资料的体现，还是实验的作业流程规定都还没能充分反映信息化管理在企业营运管理中的平台背景，这一点需要加以重视，否则，这就是一个刚开始就有缺陷的实验教学形式。

（2）确定好 ERP 沙盘模拟实验课和企业信息管理系统操作实验课的关系。从大多数高校企业管理和会计专业的现行课程安排偏紧的情况出发，最好将 ERP 沙盘模拟实验教学定为一种辅助教学，主要是满足大多数学生的角色体验及相当部分学生对企业营运管理关系和管理作业问题的理解，同时满足一些学生对企业管理问题的研究性学习。在课程类别上可以将其设定为选修课或部分选修（将研究性学习内容设定为选修），总体来说，角色体验问题的理解还是不难的，这种实验课比 ERP 等信息化管理软件实验课的难度要低，这种课的地位也应相应次要一些。

因此，ERP 等软件操作实验课应是主实验课，ERP 沙盘模拟实验课是辅助实验课，不应把它的作用夸大。

（3）ERP 沙盘模拟实验课的规范化建设可以分阶段实施，逐步推进。由于 ERP 沙盘模拟实验教学处于起步阶段，各方面的条件都有一定的不完善，完整的规范教学体系一下子难以建立起来。可能要分阶段建设，如教学内容的规范上可先对实验资料规范，然后再对教材和指导书规范，先对角色体验部分的内容进行规范，然后再对研究性学习部分的内容规范。在师资管理规范化上先将教师配置问题规范化，然后再对师资培训问题规范化等。规范化具体怎么走，也会因各学校情况的不同而有差异。总的来说，规范化建设首先是制度约束方面的规范化建设，这个一开始就应该抓，而具体内容是细节方面的规范化建设，则可以不断改进，不断推进。

（4）ERP 沙盘模拟实验课规范化建设的核心是尽快提高专业教师水平。当前，ERP 沙盘模拟实验课开设的主要制约瓶颈是教师短缺。如前所述，开设 ERP 沙盘模拟实验课对教师提出了很高的要求：一是要有企业管理和会计理论知识和业务技能，有信息化管理技术专门知识；二是有丰富的教学经验，善于组织和控制互动式教学的布局；三是要有获取和整理实验素材的能力。当前，缺乏标准的实验教材和实验指导书，实际上是缺乏这种

能力的教师，ERP 沙盘模拟实验课在许多学校开不出来，也是因缺乏这种能力所致，教学管理规范没有实施，也是因为缺乏这种教师。因此，各个学校如要开设并规范好 ERP 沙盘模拟实验课，应该将这类教师的培训和引进作为重点。这个问题解决了，其他问题就容易解决。

（5）要做好 ERP 沙盘模拟实验教学的规范化建设还要善于利用校内外多种教学资源。由于这种教学和企业实际联系紧密，许多学校利用现有的资源不容易完成教学规范化建设，尤其是内容较深部分的教学问题。其新的管理动态，实际案例都需要来自外部。因此，开设 ERP 沙盘模拟实验课最好要签约校外实验基地或合作单位，通过它们获取相关企业管理资料案例，不断充实教学内容，还应聘请软件商及其他学校的相关问题专家及教师进行教学，带来专业方面的新动态和教学方面的新方法。使教学内容和师资建设问题得到不断改善。除此之外，还应不定期派人员到外校和软件商处进行调研和学习，和他们交流经验。这在大家都处于起步阶段，经验都不足的时候尤其重要，这时的相互借鉴经验和人员交流会极大地推进规范化建设的进程。

第五节　高职院校会计电算化实践性教学研究

高职院校会计电算化专业以培养适应社会发展，服务社会基层组织的实际应用型人才为目标，以培养应用现代计算机技术与会计理论相结合，处理日常经济事务的应用能力为主线，培养学生的专业知识能力、素质能力和技能，进而在真实的工作环境下按照既定标准实现其职责的能力。因此，会计电算化人才培养要凸显实务性，培养适应经济和社会发展的高级应用型、复合型人才。

一、高职院校会计电算化专业实践性教学存在的问题

（一）教学实践场地少

在高职会计电算化专业教学中，几乎每位专业教师都知道实践性教学的重要性，没有相应的实践活动或是实践性过程，会计专业的教学也只能是纸上谈兵。但是，现有的高职院校由于多种原因，高职院校会计专业实践性模拟实验室始终无法到位，而会计实验室建立不起来，会计实践性教学活动也就无从谈起。

实践动手能力即实践性操作技能是衡量会计专业教育的重要特征，离开了实践动手能力的培养，就不可能培养出学生的技能和操作能力等。作为高职教育的会计电算化，面对高速发展的现代经济和现代环境，必须高度重视会计电算化专业的实践性操作技能，加大

对专业技能的训练力度和水平，使每一名会计专业的学生都成为技能操作的高手、管理的高手。只有这样，才能使会计电算化专业在激烈的市场竞争中脱颖而出。因此，会计电算化专业实践性教学环节的好坏，是当今乃至今后会计电算化专业办学兴衰的最为关键性的因素。

（二）教材不能与时俱进

很多高职院校的教师为了自身晋级等诸多因素的影响，征订的一些教材已经严重过时，导致高职院校会计电算化专业的教学与现有的会计实际工作岗位严重脱节，无法满足现有的学生今后从事的会计工作岗位的需求。当然，更谈不上是今后长期的工作需求。

现有的高职会计专业的教学计划也不能完全满足工作岗位的需求，导致会计专业的实践性教材大部分只涉及会计基础、财务会计、成本会计等，而对审计会计、预算会计等内容更是匮乏，从而使相应的教材的模拟实习几乎没有。

（1）课程设置的针对性不强

目前，在会计初级人才市场上存在着这样的矛盾：一方面，企业迫切需要有经验、业务能力强和学习能力强的会计人员，但在招聘中往往找不到合适的人选；另一方面，大量刚刚毕业的会计专业学生却找不到工作。企业普遍认为大学生仅有理论知识，但经验不足，动手能力差。即使找到工作的会计专业的学生，也认为企业实际的会计处理与课堂上讲授的东西不衔接，有时候学校学习的东西根本用不上，到企业后要重新学习后才能进行实际操作。例如，目前企业出纳人员要求对于点钞、小算盘、珠算比较熟练，但很多大学根本没有开设这类课程，学生毕业后要从事会计相关工作还得从基础学起。由此可见，现行高职会计电算化专业课程设置与企业实际岗位知识的需求相脱节。

（2）理论偏重，实训不足

会计电算化专业实践课程分课内实训与集中实训，课内实训主要针对某门专业课程重要知识安排的实训，集中实训是综合几门课程或几项业务进行的训练。

在《基础会计》课内实训、《中级财务会计》课内实训、《会计电算化》课内实训、会计模拟综合实训这几门核心职业技能实训中，实训内容主要包括：设置会计科目、登记期初余额、编制记账凭证，登记总账、现金日记账和银行存款日记账，银行存款余额调节表的编制，编制试算平衡表，根据账簿编制会计报表。而《成本会计》《管理会计》和《财务管理》三门课程一般都不安排实训，学生掌握的只是理论知识，实训不足。另外，学生在学校时只学习了工业会计的处理，实训也是以工业企业的业务为标准，学校课程设置中没有非工业企业的会计业务的训练内容，因而学生毕业后遇到实际业务时往往无所适从。

高职会计电算化专业要培养应用型人才，应加强与企业的合作，以会计工作任务和具体岗位所需要的知识技能为导向来设置课程。

（三）师资队伍建设不足

大多数高职院校的会计电算化专业的教师来源较为单一，他们大多是从上一级高校毕业后直接分配到高职院校的，几乎没有多少或者根本就没有会计电算化专业的实践性操作技能。此外，很多高职院校会计电算化专业的教师从本质上讲是想多提高自己的专业技能和水平，但由于现有的会计电算化专业学生的生源较好，教学任务繁重，无法抽出时间去企业参加社会实践，因而上课所使用的教学方法难免有和会计实际工作岗位相脱节的部分和现象。

二、加强高职会计电算化实践性教学策略

针对高职院校会计电算化实践性教学的上述不足，加强会计电算化实践性教学可从以下几个方面入手。

（一）加强高职会计电算化专业教师的实践能力

教师要培养学生的实践能力，自身一定要有实践能力，这样才能更好地指导学生实践。会计电算化是一门应用性学科，实践性极强。这就要求专业教师不仅要具备系统丰富的理论知识，而且要具有扎实、熟练的实际操作技能和会计电算化的系统管理技能。具体包括三个方面：第一，熟练掌握常用电算化软件系统各个模块的操作，并能够解答使用过程中出现的操作问题；第二，熟练掌握会计电算化系统安装、调试和维护；第三，具有管理信息系统（MIS）的管理技能。教师应通过反复实践，学习具备这些技能，才能完成教学任务，胜任本职工作。

（二）强化案例教学和社会调查活动

强化案例教学和社会调查活动，可将教学活动的理论和实践有机结合起来。

案例教学和社会调查活动是实践教学的主要方面，长期以来，在会计教学过程中，人们对案例教学没有给予足够的重视，这对激发学生思维、增强其实际分析、解决问题的综合判断能力、促进学习的主动性都有一定的束缚。

案例教学法是一种具有启发、诱导、决策等功能的新型教学法，所谓会计电算化案例教学法即是在学生学习和掌握了一定的会计电算化理论知识的基础上，通过剖析案例，让学生把所学的理论知识运用到会计电算化中去的“实践活动”。

案例教学法可以分为三个步骤：首先，由教师根据会计电算化的教学内容、重点、难点、目的编制案例；然后，在课堂上由学生讨论案例，教师引导、提示、总结；最后，由学生撰写报告，对案例的认识和所学到的知识等进行总结。

案例教学也可以采用小组学习、模拟实验、辩论、公开演示课等形式，对案例进行分析，培养学生科学的学习方法和积极的学习态度，提高学生表达技能、知识运用技能、人际交往技能及信息技术运用技能等综合技能。会计电算化案例可以大量地应用在会计模拟

实验中。首先，将教师所提供的会计案例，在会计模拟实验室中利用其所提供的凭证、账簿、报表等实验工具进行实验，从而使理论与实际有机地结合在一起，不断发现问题和解决问题，达到举一反三的目的，并且提出最优的解决方案。其次，把手工实验中所用到的会计案例，再在电算化模拟实验室中，利用财务软件再次得以重演，从而使学生进一步了解会计实行电算化的必要性及电算化给会计领域带来的变革，会计案例的选择应依据会计电算化专业的培养目标、课程内容和教学目的，以及会计案例教学法的特点进行选定。在选择会计案例时应遵循实用性、典型性、综合性原则。

（三）完善电算化实践教学的内容

系统合理的电算化实践教学内容应该包括以下几个方面：

（1）会计软件的使用（电算化专业学生应掌握至少两种软件的使用）。

（2）数据库语言的基础应用，学生应具备用 Foxpro 数据库语言编写简单程序的能力。

（3）Excel 操作和使用，学生应掌握使用 Excel 动态图表的操作。

（4）会计电算化系统的管理。

（5）会计电算化模拟实践。

在加强高职会计电算化实践性教学过程中应不断完善电算化实践教学的内容。

（四）合理安排实训课程、课时和内容

会计电算化作为一门实用性、针对性很强的应用学科，必须以培养学生的专业技能为中心来设计其课程内容。

在高职会计电算化专业的课程安排上，目前存在的问题是：第一，电算化课程所占比例太低。在专业课程中，会计理论占到 50%，计算机课程占到 35%~40%，会计电算化课程所占比例不到 15%。大多数学校仅设一门会计电算化课程，课时 70~80 学时。在有限的教学时间内，学生只能学到一些基本原理和简单操作。根本谈不上系统掌握和熟练操作。第二，缺乏系统、实用的电算化模拟教材。

针对存在的问题，应做到以下两点：①增加电算化课程比例。会计电算化是一门新兴的应用性学科，它涉及的会计电算化原理、常用商品化软件的应用、会计电算化系统管理和开发，这些内容绝非一门课程所能包含。电算化课程至少应达到 3 门，比例在 30% 以上。②扩充会计电算化实训科目。像基础会计、成本管理、财务管理、财务报表分析等以前都是手工模拟实训，作为会计电算化专业，必须实行电算化模拟实训。

（五）加强会计电算化模拟实验室的建设

加强会计电算化模拟实验室的建设，能够保证学生具有良好的实践基地。

大部分经济类高职院校都有会计电算化专业，而且几乎都具有电算化实验室，但实验能力、实验效果却差异很大。应该说，真正能够完全满足教学需求的并不多。软、硬件滞后于目前实际中的应用，没有完整的会计电算化模拟数据系统，实践过程缺乏系统性等问题并不少见。从教学设施上就无法保证实训需求。

在会计电算化实训室的建设上，应突出仿真性。对学生进行课程实训的主要目的是为了提高其操作技能，提高职业能力。如果实训室能够做到全方位地模拟日后的工作流程、工作环境、职能岗位，会非常有利于实践教学。

（六）通过校企合作拓宽高职教育的办学思路

学校与企业合作，能够全方位地拓宽高等职业教育办学之路，同时有利于企业的发展。具体到会计电算化的实践教学中，体现为：校企结合有利于学校了解企业对电算化人才的需求状况。从教育产业的角度来看，学生就是学校的“产品”，而企业是这些“产品”最终的消费市场。学校必须时时明确来自“市场”的需求。合作途径主要包括以下几个方面：

（1）和软件生产或经销公司合作，利用学校的教育资源和实习基地，进行会计电算化初、中、高级培训。生源除本校学生外，还可以面向社会招生。

（2）和企业合作。学校可以派专业教师深入企业实际，进行学科调研。及时了解电算化软件在实际应用中存在的热点问题，以便更好地组织教学；同时，教师可以将收集到的资料编写成案例，进行案例教学；或者以一个企业的电算化业务为实例，编写系统的实验教材。

（3）学校可以定期聘请一些在企业工作的会计电算化专业人员，给学生进行案例讲座和实践指导，或者提供一些来自用人单位的需求信息，以利于教学和学生日后的就业。

会计电算化事业的蓬勃发展需要大量的人才，而实践技能是电算化工作最基本也是最重要的技能，这一技能的重要源泉就是会计电算化的实践教学。所以，对会计电算化实践教学的探索是一项长期的任务。

第六节　会计电算化教学革新的几点体会

随着计算机应用领域的不断扩展，会计核算及管理手段的迅速更新，许多单位在会计数据处理上甩掉了手工操作，会计核算业务实现了以机代账，初步实现了会计核算电算化。经济越发展，会计越重要。会计要发挥其基本职能和现代职能，就必须依赖于会计电算化信息系统。如何加强会计电算化教学，培养出社会需要的会计电算化人才，是教学改革的重要课题。

一、合理安排理论教学与上机实践时间

会计电算化学科的实践性强，学生只有通过课堂学习和上机实践结合，增强各方面的感性认识，才能较好地掌握它。例如初始化设置，其操作步骤多，不容易记，如果不上机操作，是很难准确设置好会计科目、会计凭证类型和格式的。因此，在制订教学计划时，合理安排理论教学与上机时间显得尤为重要。当讲授完会计核算软件工作原理的一个内容，就要及时安排学生上机实践，让他们掌握每一功能模块的操作，体会每一模块的意义。这样，学生才会牢固地掌握所学的知识，并逐渐掌握会计软件的应用技能，做到理论与实践的有机结合，调动学生学习的积极性和运用理论知识解决实际问题的主观能动性。

二、将电算实验与手工模拟进行有机结合

学生学完了各个学科的课程后，就进入了会计模拟实习阶段。

会计模拟实习是学生对所学会计知识所做的一个全面、系统的实践，可以使学生了解整个会计工作的业务流程及注意事项等，它分为手工模拟实验和电算化模拟实验。

手工会计与会计电算化的业务处理流程基本一致，如果能在教学中将手工会计模拟实习与会计电算化模拟实验结合起来，学生对手工会计业务流程的实际操作会大大增加会计电算化学习的直观感，取得事半功倍的效果。在教学中，先让学生在手工会计模拟实习室利用凭证、账本、报表等实验工具将会计案例手工操作一遍，通过手工实验使学生对手工会计的业务流程有了系统的了解，为会计电算化实验教学打下坚实的基础，为电算化实习的建账、日常会计业务处理等提供精确而系统的实验数据。

在每个学生手工模拟实验一个会计期结束后，就让学生在电算化模拟实验室中利用财务软件再次将会计业务流程重新操作一遍，所需的资料就取自手工模拟实验的数据。

在实验中，可以利用手工会计模拟实习提供的某企业的会计资料指导学生整理后运用财务软件开始会计电算化模拟实验：系统初始化，期初数据录入，日常会计业务处理，期末结转，制作报表等。这样就可以实现电算化与手工模拟实习的有机结合。

通过手工模拟与电算化结合，可以使学生进一步掌握会计电算化信息系统的功能与操作方法，并且实现手工会计核算向电算化核算方式的转化。

教学中可采用比较法，通过对手工会计业务处理方式和电算化处理方式进行比较，找出并强调它们的差异之处，这样使手工模拟实习和电算化模拟实验很好地衔接起来，使学生在系统的实验过程中对所学的理论知识充分加以应用，也可以使学生进一步了解电算化给会计领域带来的革命。

三、教学手段和教学方法的多样化与现代化

如何将教学内容传授给每个学生是一个教学方法的问题，任课教师应针对不同的教学内容采用与之相适宜的教学方法。

例如讲解电算化会计信息系统数据处理流程时，应运用比较法、挂图详解法进行教学，还可以借助多媒体教学，利用投影仪进行直观教学；当讲解账务处理系统和会计报表系统时，由于这两个系统是会计电算化课程的核心部分，学生能否掌握是衡量其是否学好该课程的重要标准。

任课教师应从课堂教学转入由计算机与大屏幕投影仪等设备组成的多功能教学实验室，利用联机大屏幕投影，借助高科技教学手段，通过现场教学、演示教学、模拟实验等多种教学方法交叉进行教学，这样使抽象的内容变得直观易懂，加深学生对教学内容的理解，易于学生掌握，增强了对计算机实际操作的能力，也为实验操作打下了坚实的基础。

四、对教学效果进行合理的评价

在教学中，对学生的学习效果进行合理的评价，可以检验学生学习情况，促进学生学习积极性的提高，保证教学质量。

由于会计电算化这门课程的特殊性，不能采取一般的笔试方法对学生的实验操作效果进行评价，所以可以分三方面对学生上机实验进行综合的评价。

（1）对学生平时上机实验进行考核。学生的平时上机情况包括：会计资料的准备情况、账务处理系统的初始设置的正确性，会计期间的业务处理、制单、记账、报表生成等。对每一项内容都进行检查，检查中一旦发现问题，立即予以纠正。这部分内容可以占整个评价结果的 30%。

（2）对学生实验的整体结果进行综合评价。这个评价在整个实验过程临近结束时进行，以账务处理子系统和报表处理子系统为重点，由教师检查学生生成的账簿和报表等内容，对学生财务系统的整体处理情况进行全面考核。这项考核可以占整个评价结果的 30%。

（3）利用考试软件对学生进行全面考核。利用“福建省会计电算化初级培训考试软件”对学生进行课程考核，这种考核方式取得的成绩占整个评价结果的 40%。这样，就得到了对学生实验教学的综合评价：学生的综合评分 = 平时实验操作 30%+ 整体操作水平 30%+ 上机考试 40%。

会计电算化这门课程的特殊性决定了它在教学过程中的特殊性。传统的以黑板加粉笔为主的教学方式已不能适应会计电算化课程的教学。任课教师只有认真研究，不断地总结经验，吸取新的知识，与外界保持动态联系，才能保证教学质量，培养出符合社会需要的电算化人才。

第七节　会计信息化实验教学的体系与平台构建

社会信息化的发展推动了会计信息化的进程，随着企业信息化的发展，势必会增大对会计信息化人才的需求。然而我国会计教学相对滞后，与信息化时代下的市场需求不能很好地结合起来，社会呼吁会计教学革新。

一、高校会计信息化实践教学中存在的问题

（一）师资薄弱

目前既懂会计知识及管理理论又懂信息化知识的教师比较缺乏，是制约许多高校会计信息化实践教学提高的重要因素。应该说，这些教师对数据库程序代码的编写、软件系统分析过程、软件系统架构、应用软件操作都非常熟悉，但对会计知识了解不够深入，在开展会计信息化课程教学时，极容易把这门课程上成计算机专业课程，重点往往侧重讲授计算机知识，而并不是将计算机作为信息化工具重点讲授会计的业务处理。此外，他们对于会计业务流程处理并对其进行改造、厘清会计数据之间的勾稽关系及内部控制的手段和方式感到力不从心。而会计专业毕业的高校教师，对利用会计准则进行会计业务处理比较熟悉，但是计算机理论与实践基础不够扎实，无法熟练使用计算机辅助工具进行会计业务处理，不能真正理解计算机的实现过程。

（二）课程体系不健全

为了更好地适应经济与社会发展对会计人才的需要，随着会计准则的修订及会计改革的不断深入，目前许多高校会计信息化实践课程体系已经做了相应的改革。但是，面对会计信息化的浪潮，会计信息化实践教学课程体系仍然存在许多需要完善的地方，集中表现在目前多数高校会计学专业会计信息化实践教学模式采用的是“双轨并行”模式。一方面是设置计算机基础理论及应用方面的有关课程，如计算机基础、数据库原理及应用、会计电算化等课程，忽视会计专业知识的学习。这样做的后果可能是会计学专业的会计理论水平、实际操作能力难以满足用人单位对会计人才的需求。另一方面是过于侧重会计理论的教学，设置的课程多是会计学专业主干课程，如会计学原理、财务会计学、财务管理学、管理会计学、成本会计学、税法等。“双轨并行”模式运行的直接后果就是学生无法融会贯通会计信息化的理论与实践知识，造成课程内容支离破碎，无法做到会计信息化教学的有机统一，教学效果受到严重影响，学生适应会计信息化要求的能力受到严重影响。

此外，缺乏科学完整的会计信息化实践教学的规划，实验课程体系设置较为松散和随

意也制约了会计信息化实践教学效果的发挥。

（三）教学内容不具备系统性

调查显示，不少高校会计学专业课程体系设置和教学内容设计依然按照传统会计理论体系安排，没有考虑企业信息化的现状及影响进行教学内容改革。相应的会计信息化实践教学也仅局限于会计信息系统的部分子系统，对财务业务一体化的综合实验及供应链管理内容则涉及较少，实践教学的侧重点放在总账系统、财务报表系统、工资管理系统、固定资产管理系统、应收应付管理系统等模拟性实验。

这种做法的缺点是实践教学内容反复演练的是虚拟的某个制造企业某一时期的某一部分业务，没有考虑部门之间、业务之间的内在联系，不利于学生整体把握会计信息系统、管理信息系统与其他系统（如采购、销售、存货管理模块）之间的内在联系，很难实现企业资源计划的有效运用，达不到有效锻炼学生能力的目标。

究其原因，主要是采购、销售、存货管理模块实验操作比较复杂，不好把握，根据财务业务一体化实践教学内容的综合业务资料难以获得和实施。

（四）教学实验监管力度不够

据了解，由于师资及设施条件限制，一些高校会计学专业合班上课比较普遍，学生上机操作由于实验条件的限制被迫分批、分组进行，课堂教学和上机操作同时并行，分组授课的教学进度不一致，再加上会计信息化教学环节中出现的问题处理也不够及时，实践教学效果大打折扣。实际上，会计信息化教学对实验室管理人员也提出了更高要求。但由于部分高校会计学实验室（中心）指导人员缺乏相应的专业知识，对实验内容不十分了解，有的仅以机房维护为己任，对实验教学中出现的问题（计算机技术或是会计软件应用）无法进行及时有效的解决。此外，由于自身特点，实验教学很难像课堂教学一样进行检查。

二、基于适应实务能力提高的会计信息化实践教学体系构建

（一）采取多样化的会计信息化教学方法

（1）由于会计信息化课程的自身特点，在日常教学中网络或多媒体技术的广泛应用，将教师和学生紧密联系在一起，有利于信息化教学方法的创新，有利于教师和学生之间进行双向或多项交流。

（2）会计信息化教学尽可能采用案例教学法。众所周知，会计信息化案例教学法围绕一定培训的目的把实际中真实的情景加以典型化处理，是一种具有启发、诱导、决策等功能的新型教学法，通过独立研究和相互讨论的方式，强化学生熟练掌握常见商品化财务会计软件（如用友）和管理软件的设计原理及操作流程，提高学生运用有关会计软件进行分析和解决问题的能力。

（3）尝试采用沙盘情景教学模式训练法。ERP 沙盘模拟对抗训练明显不同于传统的课堂灌输授课模式，其实是企业管理信息系统的一种模拟实验。该训练融角色扮演、案例分析和专家诊断于一体，以沙盘的形式模拟一个真实的企业，在模拟对抗中，学生可以对整体战略、生产能力规划与安排、资金需求规划、财务经济指标分析等多种企业活动进行演练，通过观察到每步决策对企业运营和财务状况的影响，加深学生创新能力及财务知识的感性认识。最后，加强与有关会计软件公司的合作。

（二）完善会计信息化课程体系

会计信息化课程体系的设计思路应该是以强化培养集管理知识、会计知识与计算机水平于一体，具有良好会计从业素质的高素质人才作为教学目标，通过丰富和强化学生专业知识面，构建有利于学生长远发展的知识模块，适应会计信息化环境的需要。

会计信息化课程体系设计的基本思路是以会计类课程为中心、以管理类课程和计算机类课程为基础，构建由管理信息系统、会计信息系统、计算机财务与审计、电子商务、企业资源计划构成的会计信息化课程体系。

在会计信息化教学课程体系中，先进的信息技术和前沿管理思想要贯穿在会计学基础、中高级财务会计、中高级财务管理等各门专业课程之中，无论在手工环境还是在会计信息化环境，要重视会计理论与信息化的紧密结合。

在毕业前安排的综合实验教学过程中，对于各门会计课程的实验，可先在手工环境中安排，然后运用财务软件进行上机操作，帮助会计专业学生加深对会计信息化过程和会计数据处理的基本原理流程的理解。

在实践教学中，在讲解会计信息系统的基本原理、技术及应用方法的基础上，辅以财务软件的具体应用，以达到理论与实践的有机结合。争取做到会计信息化单项实验和综合实验的结合，有针对性地加强会计专业学生不同层次的能力的培养。

（三）重视建设会计信息化实践教学师资队伍

无论是实施多样性的会计信息化教学方法，还是构建更加合理完善的会计信息化课程体系，培养高素质实用型会计信息化会计人才的关键，都离不开建设具有较高会计理论水平和较强会计实践能力、专兼结合、富有改革精神的会计学教师队伍，以满足会计信息化实验教学需要。因此，在师资队伍的建设上，可以考虑采取以下方式：不定期组织会计专业教师参加中国会计学会等组织的各种信息技术培训，积极参加国内外关于会计信息化的学术交流活动，通过学校实施的博士化工程，鼓励和支持中青年教师提高学历层次和会计信息化教学科研水平；引导教师接受继续教育，结合最新会计准则把握会计信息化教学，为会计信息化实践教学提供有力的支撑；通过“传、帮、带”活动，帮助年轻教师提高教学水平，适应会计信息化实践性教学的需要，逐渐形成老、中、青三级梯队信息能力强、相互支撑、教学科研相长的会计信息化实践教师队伍，提升会计信息化实验教学整体水平；邀请软件公司的销售或技术开发人员定期到学校，与专任教师进行交流，提高专任教师对软件开发和运行动态的了解。

（四）进一步完善会计信息化实验教学评价体系

为了保障会计信息化教学健康有序发展，在会计信息化课程体系已经科学设置的情况下，如何构建合理有效的会计信息化实践课程评价指标体系和评价标准，是保证会计信息化实践教学质量的关键。会计信息化实验教学评价体系包括对教师会计信息化教学水平、学生信息化学习成绩和实验室信息化教学管理水平的评价。

对所讲授的会计信息化教学课程在学期期末，要向教研室提交实验教学计划、教学大纲、教学指导书、课程分析、作业等。

对教师会计信息化教学水平的考核重点放在会计信息化教学材料的准备、理论讲解和实际操作评价、学生会计实验报告质量独立规范的评价上。

学生会计信息化实践运作全过程的成绩考核，重点体现在实习报告册的填写上，主要包括会计信息化问题分析和解决能力、会计业务实际操作能力等多方面内容。根据各层次实验项目的特点和要求，制定优、良、中、及格和不及格考核成绩的具体标准，采取平时成绩与期末考试相结合，课内实验只考核平时成绩，按学校规定的比例对单独设立的实验课程进行考核，综合考虑期末和平时成绩，评价时注重从知识学习与能力培养、学习结果与学习过程、个体学习与团队学习等方面考虑。

对管理人员的考评主要体现在会计信息化课程教师和学生对其填写的服务及设施满意度进行综合考评。

三、会计实验教学信息化平台的构建

（一）会计实验教学信息化平台的系统架构分析

（1）会计知识库是构建会计实验教学信息化平台的基础

会计知识库是知识工程中结构化、易操作、易利用、全面有组织的会计知识集群，是针对会计专业领域问题求解的需要，采用某种（或若干）知识表示方式在计算机存储器中存储、组织、管理和使用的互相联系的知识片集合。这些知识片包括与会计领域相关的理论知识、事实数据，由专家经验得到的启发式知识，如会计学科体系内有关的定义、假设和业务处理方法及常识性知识等。

（2）会计知识库的组成架构分析

会计知识库的架构包括按会计学科实验教学培养体系建设起来的依托信息和网络技术的题库（含习题库、试题库）、案例、实验教材及在线互动实验平台。内容包括六个模块平台、四项内容、三个层次。

六个模块平台为：财务会计模块、管理会计模块、财务管理模块、审计与内控模块平台、税务管理模块平台、会计信息化模块平台，以上六块功能模块只是代表了企业经营过程中会计工作的基本业务单元，在教学实践中，不是仅限于以上几个模块，而是根据教学资源的规模，扩展和覆盖更多的会计相关的专业课程。

四项内容为：依托信息和网络技术的实验课程题库（含习题库、试题库）、实验库、案例库、电子课件。

三个层次：每一个基本模块平台均包含三个层次的实验课程体系，即基础认知与实训、专业综合实验、集成与创新实验。

具体来说：

1）基础认知与实训：结合会计学科主干课程特点，结合最新会计准则和小企业会计准则等相关规定，在知识点基础上，筛选出能体现会计专业培养要求的单项实验，主要训练学生掌握财务软件的使用和原理、掌握每门实验原理和方法、训练学生基本的实验动手能力和实验技能，培养学生实践能力和创新能力。六个基本模块的基础性实验项目合计约100个。

2）专业综合实验：是在基础单项实验的基础上，将知识点进行整合，并通过实验教师收集各种实验素材、实验数据，整理成专业综合案例。六个基本模块，各组织3 ~ 5个专业案例，在此基础上，形成若干模块交叉的综合案例。

3）综合与创新型实验：是将教学与科研紧密结合，设计完成一个“企业仿真”实验平台。在此平台上，能够模拟企业内部环境、职能部门业务流程及企业的生产、经营流程。根据企业类型不同，可以将自动化、电工电子、机械等相关学科知识融入生产流程仿真；职能部门仿真以财务、会计、审计内控、税务、资产管理、人力成本等为主。通过企业仿真平台，会计、经济、管理、工科学生可以开展跨学科实验，特别是工科学生可以参与成本管理、税务、审计、会计信息化等方面的实验项目，打破会计实验室只为会计师生服务的局限。

（3）在线互动式实验教学系统

在线互动式实验教学系统是构建在会计知识库之上的应用系统，是联系会计知识库与会计学习者的“人机接口”。在线互动式实验教学系统的核心功能是对企业组织会计业务的模拟和仿真，主要体现在以下几个方面：

1）角色仿真，企业会计工作受到内部控制制度的约束，不同的会计工作岗位，行使的职能不同，这在实验教学平台中应得到体现；

2）业务仿真，会计实验应与会计实务紧密接合，建立不同业务场景，将其从时间、空间上进行串联或并联，形成完整的实验业务流程；

3）数据仿真，基础数据是实验教学得以进行的根基，在仿真化的会计实验教学中，这些数据不再是凭空捏造，而是来源于会计知识库。通过对会计知识库中的题库、案例库、实验库等进行抽取、组合、微调，形成完整的、贴近于企业真实业务场景的数据集。

（4）会计实验教学信息化平台中的考试与评价

考试及评价系统考核的目的主要是检验教与学的效果，不断完善教学内容、改进教学方法。

会计实验教学信息化平台中的考试与评价不是传统意义上的应试过程，也不是单纯的电子化试卷。会计专业的考试与评价具有较强的专业特点。

不同知识点的组合、不同业务场景下，实验的结果可能没有一个固定的答案，加之实验目的不仅考查知识点的掌握更为重要的是考察综合运用能力及创新能力。甚至可以存在有学生提出错误观点，但是观察的角度创新，老师也应该给予肯定。这样的考试与评价方式，体现了经管类实践教学的特点：发现问题与解决问题同等重要。在会计实验教学信息化平台上，根据实验课程的特点，需要建立一套综合性、系统性的实验考核体系，从基本知识点的掌握和综合的应用能力两方面评价学生的实验成绩。评价体系包括观察与判断、实际操作、结果分析、设计方案及分组讨论等，重点突出考查学生发现问题和解决问题的能力。评价方式是把团队业绩考核和个人业绩考核相结合，理论考核与实验考核相结合，小组考核与单人考核相结合。

考核指标由小组业绩考核指标与单人业绩考核指标综合而成。小组业绩考核内容主要包括团队精神、分工协作与沟通交流；财务决策、内部控制、业务完成情况、税务筹划、成本控制、部门或者公司经营报告等；个人业绩考核内容主要包括实验数据、实习报告、模拟业务处理情况、经营业绩综合评价等。从以上考评内容来看，过程考评更为重要。

（二）会计实验教学信息化平台的技术架构分析

（1）建立会计知识库为主体的数据中心，并通过虚拟化技术接入教育云，实现数据共享、社交化学习。会计知识库的构建依赖于数据仓库技术，建立数据中心来集中管理海量数据是必然的选择。而 SaaS（Software as a Service，软件即服务）是一种基于互联网的软件应用模式。

在 SaaS 模式下，由专业的知识库管理团队进行会计实验数据的管理和应用平台软件的更新，能够更好地解决系统长期稳定的运行和维护问题。

教育云是云计算技术在教育领域的扩展，是未来教育信息化的发展趋势，包含了教育信息化所必需的一切软硬件计算资源，将会计知识库中的教学资源虚拟化之后，向教育机构、教育从业人员和学生提供以计算资源形式的服务。通过教育云接入，将会计知识库与对应的实验教学平台发布到云端，可实现更大范围的资源共享。

（2）平台系统采用 B/S（Browser/Server）架构，支持不同类型终端的接入。随着智能手机、平板电脑、4G 网络等的普及，浏览器的跨平台性能飞速提高，使得基于 B/S 架构的实验教学平台应用更加方便、灵活。

在 B/S 架构下，实验平台扩展了实验的时间、空间和使用对象。学生可以在任何时间、任何地点开展会计实验，大大提高了学生实验训练的灵活性，也解决了传统专业实验室教学无法惠及众多的非会计专业学生的问题。

（3）平台应用 RIA（Rich Internet Applications）技术，强化前端开发通过 RIA 相关技术，可以在会计实验平台上“仿真”企业会计工作的大部分功能，例如：编制凭证、审核、记账、完成会计报表的填制、进行财务指标的分析；可以通过图片插件、图表插件展现高仿真的电子化原始单据，多种多样的图表模型，灵活的考试考核管理功能。

良好的前端开发能提供更好的交互性和用户体验，提升人机互动，扫除技术性的使用障碍，大大提高实验教学系统的应用、管理、维护效率。利用现代信息技术，将会计主干课程的实验教学资源进行收集、加工、整合，形成包括题库、案例库等的电子化会计知识库，并建立与之集成的在线互动式实验教学系统。该实验教学系统建成后，不仅将成为会计专业实验教学的平台，还能够向工程自动化、网络信息技术、管理科学与工程等相关专业实验教学平台集成，构建更为综合性的实验教学信息化平台。

参考文献

[1] 孙明昕 . 基于实践与创新创业能力导向的会计信息化系统教学探究 [J]. 科技风，2018（29）：14.

[2] 宫兵 . 大数据时代会计信息化风险的影响因素分析 [J]. 中国市场，2018（28）：142+144.

[3] 张弛，赵彦宾 . 浅析我国会计信息化发展策略 [J]. 现代营销（经营版），2018（09）：229.

[4] 王立直 . 浅议会计信息化对会计实务的影响 [J]. 中国商论，2018（24）：137–138.

[5] 米雯静 . “互联网 +”时代高职会计信息化教学研究 [J]. 现代营销（创富信息版），2018（10）：95.

[6] 刘潇亭 . 基于“互联网 +”背景下高职会计专业人才培养研究 [J]. 中国市场，2018（28）：181–182.

[7] 厉国威，安玉琴 . “互联网 +”时代会计人才培养的路径选择 [J]. 山西财税，2018（09）：35–37.

[8] 夏天添 . “互联网 +”时代下企业会计创新研究 [J]. 商场现代化，2018（15）：153–154.

[9] 孙俏巍，梁洋杰 . 基于“互联网 +”的会计改革与发展研究 [J]. 北方经贸，2018（08）：82–83.

[10] 宗维玉 . 互联网 + 背景下高校会计实践教学体系创新研究 [J]. 吉林广播电视大学学报，2018（07）：23–24+108.

[11] 韩蕾 . 基于“互联网 +”时代的高校会计信息化建设研究 [J]. 中国管理信息化，2018，21（14）：30–31.

[12] 陈琳 . 浅析信息技术发展条件下会计学的发展 [J]. 现代营销（创富信息版），2018（09）：20.

[13] 黄刘娟 . 互联网 + 对会计教学模式的影响及改革探析 [J]. 经贸实践，2018（07）：318+320.

[14] 王俪潞 . 浅谈中小企业的会计电算化运用现状 [J]. 西部皮革，2018，40（02）：36.

[15] 叶青 . 会计电算化课程业务融合教学的研究 [J]. 现代营销（创富信息版），2018（09）：62.

[16] 邱海霞，何昊 . 浅析会计电算化教学的思考 [J]. 电脑迷，2018（09）：176.
[17] 李燕 . 微课在会计电算化一体化教学中的应用 [J]. 现代职业教育，2018（16）：221.
[18] 刘震威 . 会计电算化向会计信息化转变的可行性 [J]. 中国市场，2018（13）：162-163.
[19] 李岚 . 会计电算化课程教学模式及创新路径分析 [J]. 纳税，2018（13）：102.
[20] 张霞丽 . 高校会计电算化课程教学改革探析 [J]. 科技资讯，2018，16（06）：187-188.
[21] 赵雨薇，韩跃 . 我国电算化现状存在的问题及整改对策 [J]. 知识经济，2018（03）：118-119.
[22] 于云霞，蒋海霞 . 新形势下高职院校会计专业理实一体化教学模式研究 [J]. 现代营销（创富信息版），2018（10）：88-89.
[23] 张思，彭艳兰 ."互联网 +"背景下高职会计实践教学改革探讨 [J]. 农家参谋，2018（17）：147.
[24] 蔡璐，杨雨泽，施立鹏 . 高职会计专业创新性人才培养模式研究 [J]. 经贸实践，2018（17）：313.
[25] 张瑞军 . 高职院校会计专业人才职业能力培养的实践 [J]. 中国乡镇企业会计，2018（08）：293-294.
[26] 刘玉梅 . 高职会计专业课程体系整体优化研究 [J]. 会计师，2018（10）：77-78.
[27] 胡晓燕 . 基于校企合作的"融入式"高职会计人才培养模式研究 [J]. 湖北成人教育学院学报，2018，24（03）：20-23.
[28] 范丽萍 . 基于现代信息技术环境下的会计教学模式研究 [J]. 财会学习，2018（04）：153-155.
[29] 王翠兰 . 基于信息技术的高职会计教学方法改革研究 [J]. 创新创业理论研究与实践，2018，1（01）：41-44.
[30] 阎栋 .ERP 环境下会计信息化教学方式探究 [J]. 陕西教育（高教），2018（08）：48-49.
[31] 陆培中，方敏，周芬捐 .ERP 企管沙盘在高校会计专业实践教学中的应用研究 [J]. 兰州教育学院学报，2018（09）：107-108+111.
[32] 张玉 . 基于 ERP 沙盘模拟的管理会计实践教学创新探究 [J]. 创新创业理论研究与实践，2018，1（02）：28-30.
[33] 张沐莉 . 会计电算化对会计工作方法的影响探讨 [J]. 中国集体经济，2018（17）：120-121.
[34] 周小梅 . 翻转课堂模式在中职电子实训课中的应用 [J]. 学园，2018，11（15）：60-

61.
[35] 李春梅，任丽平，范超，等 . 基于翻转课堂的会计实训课教学模式 [J]. 管理观察，2017（33）：145–146.
[36] 奚盼盼 . 基于新媒体的国际会计翻转课堂教学模式初探 [J]. 现代营销（创富信息版），2018（10）：87–88.
[37] 常宁宁 . 基于翻转课堂教学模式在财务会计课程中的应用 [J]. 纳税，2018（26）：252.
[38] 李婉 . 翻转课堂教学模式在“基础会计”教学中的应用 [J]. 新乡学院学报，2018，35（08）：74–76.
[39] 何文萱，张霞 . 微课在高职基础会计教学中的应用 [J]. 经贸实践，2018（19）：257–258.
[40] 李宝军 . 基于微课的基础会计教学构想 [J]. 现代营销（经营版），2018（10）：165.
[41] 张思，彭艳兰 . 微课在高职会计教学中的应用探析 [J]. 时代农机，2018，45（07）：159.
[42] 吴晓燕 . 基于微课的会计教学模式改革探析 [J]. 纳税，2018（13）：52–53.
[43] 阳晓晖 . 微课在会计教学中的应用分析 [J]. 科教文汇（下旬刊），2018（05）：72–74.
[44] 包纯玉，张新华 .ERP 时代高职会计信息化教学改革研究 [J]. 当代教研论丛，2017（10）：90+92.
[45] 郑红梅 . 现代信息技术在高职会计教学中有效应用的探索 [J]. 山西财政税务专科学校学报，2017，19（05）：65–69.
[46] 王红春 . 会计专业教学与现代信息技术的运用 [J]. 考试周刊，2017（24）：131–132.
[47] 吴晓燕 . 应用型本科《会计电算化》课程的创新教学模式研究 [J]. 中国国际财经（中英文），2017（24）：44–45.
[48] 谢睿，梁后军 . 中小企业财务人才培养模式革新研究 [J]. 赤峰学院学报（自然科学版），2016，32（07）：134–135.
[49] 徐日初 . 我国中小企业会计人才培养研究 [J]. 合作经济与科技，2014（22）：163–164.
[50] 蔡丽 . 适应中小企业会计专业人才培养模式创新研究 [J]. 商场现代化，2014（14）：145–146.
[51] 杨莹 . 会计实验教学信息化平台的构建研究 [J]. 中国教育信息化，2013（15）：82–84.
[52] 陈晓静 . 对高校会计信息化实验教学改革的思考 [J]. 商业会计，2013（06）：114–

116.
[53] 胡晓红 . 会计信息化实验教学改革探讨 [J]. 商业会计，2012（15）：128–129.
[54] 胡德朝 . 本科会计专业会计电算化课程实践教学改革研究 [J]. 湖北函授大学学报，2011，24（07）：103–104.
[55] 邬展霞，赵世君 . 会计专业人才需求与信息化的实验教学体系构建 [J]. 新会计，2010（10）：2–6.
[56] 史晓芳 . 浅议审计信息化对审计质量的影响分析 [J]. 商业经济，2018(12)：135–136+154.
[57] 陈同哲 . 国家审计管理机制创新研究 [J]. 行政事业资产与财务，2018(24)：75–76.
[58] 肖侠 . 基于微课的政府审计“翻转课堂”教学模式研究 [J]. 高教学刊，2018(24)：107–109.
[59] 赵玉婷 . 完善我国高校审计学本科专业实践教学体系的探讨 [J]. 经贸实践，2018(24)：279.
[60] 吴宁 . 基于混合教学模式的审计实务课程教学探索 [J]. 林区教学，2018(11)：42–44.
[61] 黄烈镌 . 大数据时代审计教学创新研究 [J]. 经济师，2018(11)：132–133.
[62] 袁睿 . 大数据审计综合实训教学改革研究 [J]. 审计与理财，2018(10)：42–44.
[63] 刘玉军，邵波 . 会计信息系统的课程体系、教学目标与教学内容的探讨 [J]. 中国管理信息化，2006（08）：83–84.
[64] 邵丽，金爱茹 . 审计教学方法的探索［J］. 科技信息（学术研究），2007（26）：190+192.
[65] 胡家荣 . 高校信息素养现状与措施研究［J］. 图书馆学刊，2006（01）：14–15.